Near Field Communication im Handel

Electronic Business

Herausgegeben von Christine Strauss

Band 9

Philipp Demeter

Near Field Communication im Handel

Bibliografische Information der Deutschen Nationalbibliothek
Die Deutsche Nationalbibliothek verzeichnet diese Publikation in
der Deutschen Nationalbibliografie; detaillierte bibliografische
Daten sind im Internet über http://dnb.d-nb.de abrufbar.

Gedruckt mit Unterstützung der
Österreichischen Forschungsgemeinschaft.

ISSN 1868-646X
ISBN 978-3-631-64518-5 (Print)
E-ISBN 978-3-653-03556-8 (E-Book)
DOI 10.3726/ 978-3-653-03556-8

© Peter Lang GmbH
Internationaler Verlag der Wissenschaften
Frankfurt am Main 2014
Alle Rechte vorbehalten.
PL Academic Research ist ein Imprint der Peter Lang GmbH.

Peter Lang – Frankfurt am Main · Bern · Bruxelles · New York ·
Oxford · Warszawa · Wien

Das Werk einschließlich aller seiner Teile ist urheberrechtlich
geschützt. Jede Verwertung außerhalb der engen Grenzen des
Urheberrechtsgesetzes ist ohne Zustimmung des Verlages
unzulässig und strafbar. Das gilt insbesondere für
Vervielfältigungen, Übersetzungen, Mikroverfilmungen und die
Einspeicherung und Verarbeitung in elektronischen Systemen.

Dieses Buch erscheint in einer Herausgeberreihe bei PL Academic
Research und wurde vor dem Erscheinen peer reviewed.

www.peterlang.com

*Es gibt nichts Mächtigeres auf der Welt,
als eine Idee, deren Zeit gekommen ist.*

(Victor Hugo)

Vorwort und Danksagung

Mein grundsätzliches Interesse an den Themen Identifikation durch Radiofrequenzwellen, aber auch Kryptologie, geht auf meine Tätigkeit vom Juli 2005 bis März 2006 bei der Deutschen Marine zurück. Dort wurde ich im Bereich Elektromagnetische Aufklärungs- und Störmaßnahmen im Rahmen der Signals Intelligence eingesetzt. Für mein Masterstudium der Betriebswirtschaftslehre an der Universität Wien, das ich zum Wintersemester 2010 begann, wählte ich neben Marketing den Bereich „Electronic Business" als einen meiner Schwerpunkte, um vertiefte Kenntnisse in diese Thematik zu gewinnen. Ich entschied mich im Rahmen dieses Schwerpunkts meine Abschlussarbeit mit dem Thema *Near Field Communication im Handel* zu schreiben, aus der dieses Buch hervorgegangen ist.

Ich möchte mich als erstes bei meinem Masterarbeits-Betreuer Herrn ao. Univ.-Prof. Mag. Dr. Karl Anton Fröschl bedanken. Er ermutigte und unterstützte mich bei der Fertigstellung der Arbeit in jeder Hinsicht. Seine regelmäßigen Korrekturen und konstruktiven Kritiken an den Draft-Versionen formten die finale Version im Laufe der Zeit. Außerdem vermittelte Herr Prof. Fröschl den Kontakt zur Firma Kadona und stand mir auch bei der Durchführung der Delphi-Befragung beratend zur Seite. Zudem gilt mein besonderer Dank Frau ao. Univ.-Prof. Dr. Christine Strauß. Sie ermöglichte es mir, meine Arbeit im Rahmen ihrer Schriftenreihe *Electronic Business* im Verlag *Peter Lang* zu publizieren.

Mein weiterer Dank gilt Herrn Markus Lobmaier von der Firma Kadona. Er half mir vor allem zu Beginn meiner Arbeit, die technischen Abläufe des NFC Ökosystems zu verstehen. Außerdem stand er mir bei grundsätzlichen Fragen zu Literaturquellen und Strukturierung zur Seite. Ebenfalls möchte ich mich bei Herrn Stefan Pflaum von der Firma Snipscan bedanken, der mich beim Gliederungspunkt *Referenzlösungen und bisherige Erfahrungen* unterstützte und mir Eindrücke aus der Sicht eines Unternehmers vermittelte.

Zudem möchte ich mich sowohl bei meinen Eltern Gertrud und Béla Demeter, als auch einigen anderen Personen für ihre Unterstützung bei der Erstellung dieses Buchs bedanken. Dazu zählen vor allem Lea und Georg Weigl, Paul Schmid, Jakob Hofer und Yvonne Weigl. Außerdem möchte ich die finanzielle Förderung durch die Österreichische Forschungsgemeinschaft hervorheben, durch die ein Großteil der Druckkosten gedeckt werden konnte.

Abstract

Im Rahmen des Buches „Near Field Communication im Handel" werden zum einen Geschäftspotentiale von Near Field Communication im Handel identifiziert, zum Anderen werden Faktoren herausgearbeitet, die einer großflächigen Verbreitung bisher im Wege gestanden haben. Dazu werden im ersten Teil des Skripts theoretische Grundlagen mittel eines interdisziplinären Ansatzes aus der Literatur abgeleitet. Zudem gibt es zwei Exkurse: einen zur ökonomischen Rolle von Standards und einen zu Kryptologie. Für den darauf folgenden, empirischen Teil wurde eine Expertenbefragung nach der Delphi-Methode durchgeführt. Ziel dieser Befragung war es, die theoretischen Ergebnisse des ersten Teils zu verifizieren und eine Prognose für die zukünftige Entwicklung der Technik abgegeben.

Inhaltsverzeichnis

Vorwort und Danksagung 7
Abstract 9
Abbildungsverzeichnis 15
Tabellenverzeichnis 15
Einleitung 17
    Motivation und Problemstellung 17
    Zielsetzung und Lösungsansatz 17
Historische Entwicklung und begriffliche Grundlagen 19
    Die Entwicklung der Identifikation mittels Radiofrequenzwellen 19
    Grundbegriffe 20
        Ubiquitous Computing und Pervasive Computing 20
        Das Internet der Dinge 21
        Smartcards 26
        Radio Frequency Identification 27
        Near Field Communication 29
    Technische Grundlagen von NFC in Mobiltelefonen 29
        Aufbau und Funktionsweise eines NFC-Tags 30
        Anwendungsmodi von NFC im Mobiltelefon 31
        Platzierung des Chips 32
        Das Secure Element 34
        Das NFC Ökosystem 34
Standardisierung 37
    Die ökonomische Rolle von Standards 37
        Pfadabhängigkeit 38
        Diffusion und das Bass Modell 39
        Netzwerkeffekte und das Kritische-Masse-Diffusionsmodell 41
        Spieltheoretischer Erklärungsansatz 41
    Organisationen für Standardisierung im Zusammenhang mit NFC 42

- ECMA International 43
- International Organization for Standardization 43
- International Electrotechnical Commission 43
- Das NFC Forum – eine Standardisierungsinitiative 43
- Wichtige Standards im Zusammenhang mit NFC 44
  - ISO/IEC 18092 (NFCIP-1) 45
  - ISO/IEC 21481 (NFCIP-2) 45
  - ISO/IEC 14443 45

Kryptologie 47
- Begriffsdefinition und -abgrenzung 47
- Bedeutung von Kryptologie 47
  - Historische Bedeutung von Kryptologie 47
  - Das Kerckhoffs Prinzip 48
  - Politische Bedeutung von Kryptologie 49
- Verfahren der modernen Kryptologie 49
  - Symmetrische Verschlüsselung 49
  - Asymmetrische Verschlüsselung 51
  - Hybride Verschlüsselung 53
- Kryptologie im NFC-System 53

Einsatzbereiche und Geschäftspotentiale von NFC im Handel 55
- Marketing 55
  - Loyalty 55
  - Coupons 58
  - Check-In 62
  - Social Media Integration 62
- Payment 63
  - Klassifizierung von mPayments 63
  - Anwendungsmöglichkeiten von NFC Payments 64
  - NFC-Integration am Point-of-Sale 65

Praxisbeispiel „Google Wallet"	66
Referenzlösungen und bisherige Erfahrungen	66
Read/Write Modus	66
Tag Emulations Modus	67
Peer-to-Peer Modus	68
Risikofaktoren	71
Technische Faktoren	71
Funktionsstörungen und Abhängigkeit	71
Funkstörungen	72
Auslesen der Daten	72
Bridging-Problematik	73
Ökonomische Faktoren	73
Insuffizienter Return-on-Investment	73
Mangel an NFC-fähigen Smartphones	74
Sozio-psychologische Faktoren	75
Technikaversion	76
Concern for Information Privacy	77
Visionäre Technologie	78
Rechtliche Faktoren	78
Rechtliche Rahmenbedingungen	79
Verlust der informationellen Selbstbestimmung	80
Erstellen von Userprofilen	81
Protestbewegungen gegen Missbrauch des Datenschutzes	81
Expertenbefragung mittels Delphi-Methode	83
Grundlagen der Delphi-Befragung	83
Geschichte der Delphi-Befragung	83
Forschungsdesign der klassischen Delphi-Befragung	84
Varianten der Delphi-Befragung	85
Vorbereitungsphase	85

- Ablauf und Ziel 85
- Befragungstool 86
- Pretest 87
- Abbruchkriterien 87
- Art des Feedbacks 88
- Aufbau der Expertenrunde 89
- Befragungsphase 92
  - 1. Runde (qualitativ) 92
  - 2. Runde (quantitativ) 93
  - 3. Runde (quantitativ) 96
- Fazit 101
  - Zusammenfassung 101
  - Schlussfolgerungen 101
  - Ausblick und weitere Forschungsansätze 101
- Abkürzungsverzeichnis 103
- Quellenverzeichnis 107

Abbildungsverzeichnis

Abbildung 1: Dimensionen der Auto-ID 24
Abbildung 2: Informationsfluss im NFC Ökosystem 34
Abbildung 3: QR-Code http://www.univie.ac.at 67
Abbildung 4: Entwicklung NFC-Nutzer Wiener Linien 77

Tabellenverzeichnis

Tabelle 1: Standards im Bereich von Smartcards 27
Tabelle 2: Nutzenmatrix bei der Einführung von Standards 42
Tabelle 3: Faktorisierung von n 52
Tabelle 4: Dimensionen und Ausprägungen von Loyalität 55
Tabelle 5: Stärke der Faktoren 57
Tabelle 6: Klassifizierung von mPaymants 64
Tabelle 7: Dimensionen und Ausprägungen des CFIP 77
Tabelle 8: Fragebogen Delphi-Befragung – 1. Runde 92
Tabelle 9: Fragebogen Delphi-Befragung – 2. Runde 94
Tabelle 10: Fragebogen Delphi-Befragung – 3. Runde 96

Einleitung

Anfang des Jahres 2012 veröffentlichte das unabhängige Trendforschungsunternehmen trendwatching.com[1] eine Liste mit den zwölf wichtigsten Konsumtrends des Jahres.[2] Gemäß dem Autor des Artikels enthält diese Liste alle Entwicklungen, „die Sie kennen müssen, wenn Sie in den nächsten 12 Monaten Schritt halten wollen"[3]. Unter anderem wird hier der Punkt „cash-less"[4] aufgezählt. Der Artikel prognostiziert eine bargeldlose Zukunft, die durch ein vollkommen neues Ökosystem aus Transaktionen, Loyalty-Diensten und Angeboten realisiert wird. Dieses Ökosystem wird zu großen Teilen auf Near Field Communication (NFC) beruhen. Der Artikel besagt allerdings auch, dass der Begriff „bargeldlose Gesellschaft" seit dem Jahr 2005 Jahr für Jahr in den meisten Trendberichten auftaucht. Die Technik ist ausgereift, hat jedoch, bis auf einige Einzelfälle, noch nicht den erhofften Durchbruch geschafft.

Motivation und Problemstellung

Ziel dieses Buches soll es daher einerseits sein, Geschäftspotentiale von Near Field Communication (NFC) im Handel zu identifizieren. Andererseits sollen allerdings auch mögliche Faktoren herausgearbeitet werden, die einer großflächigen Verbreitung bisher im Wege gestanden haben.

Zielsetzung und Lösungsansatz

Der erste Teil dieses Buches umfasst Untersuchungen von Geschäftspotentialen der Near Field Communication. Er ist überwiegend theoretischer Natur und wurde mittels einer Literaturrecherche erarbeitet. Um ein interdisziplinäres Gesamtbild zu schaffen, wurde die Literatur dabei bewusst nicht nur auf den wirtschaftswissenschaftlichen Bereich beschränkt. Für einige Abschnitte der Arbeit wurden Quellen aus der Informatik und anderen technischen Bereichen herangezogen. Stellenweise gibt es Exkurse, an denen juristische, mathematische, philosophische, psychologische und soziologische Ansätze aufgegriffen werden. Der zweite Teil ist empirischer Natur und beinhaltet die Auswertung einer Expertenbefragung.

Im theoretischen Teil werden in einem ersten Schritt die technischen Hintergründe betrachtet. Dabei wird es zwei Exkurse geben: einen zur ökonomischen Rolle von Standards und einen zur Kryptologie. Anschließend werden Geschäftspotentiale von NFC identifiziert. Das Buch wird sich auf die beiden Punkte Marketing und Payment konzentrieren. Weitere Geschäftsfelder in diesem Zusammenhang sind Verwendung im öffentlichen Personennahverkehr und Zutrittsberechtigungen. Diese Punkte werden nur am Rande betrachtet. Als letzten Abschnitt des theoretischen Teils werden mögliche Risikofaktoren herausgearbeitet. Zur Erstel-

---

1 Eines der weltweit größten Unternehmen für Trendforschung mit Sitz in London.
2 Vgl. Trendwatching (2012,1).
3 Trendwatching (2012,1).
4 Vgl. Trendwatching (2012,2).

lung dieses Abschnitts wurde zusätzlich ein Interview mit Herrn Stefan Pflaum von der Firma Snipscan geführt.

Im darauf folgenden empirischen Teil dieses Buches wird mittels einer Delphi-Befragung zum einen versucht, die theoretischen Ergebnisse des ersten Teils zu verifizieren, zum anderen soll eine Prognose für die Entwicklung und Verbreitung der Technik in der Zukunft herausgearbeitet werden.

Historische Entwicklung und begriffliche Grundlagen

Der folgende Abschnitt stellt die Basis für alle folgenden Ausführungen dar. In ihm wird die historische Entwicklung aufgezeigt, die grundlegenden Begriffe werden definiert und von einander abgegrenzt. Da das vorliegende Buch dem Bereich der Wirtschaftswissenschaften entstammt, werden die technischen Hintergründe nicht im Detail behandelt. Trotzdem ist ein Überblick zum Verständnis der komplexen Materie unabdingbar.

Die Entwicklung der Identifikation mittels Radiofrequenzwellen

Identifikation mittels Radiofrequenzwellen gilt als Technik, die durch die Kombination zweier anderer entstanden ist: Radiofrequenzwellen und Radartechnik. Im Jahr 1846 konnte der englische Physiker Michael Faraday erstmals Radiofrequenzwellen als eine Form elektrischer Energie nachweisen. Das war die Grundlage für alle weiteren Forschungen und Entwicklungen auf diesem Gebiet.[5] Im Jahr 1906 wurde die Technik durch Ernst F. W. Alexanderson zur Übertragung von Signalen eingesetzt. Der Begriff Radartechnik beschreibt das Aussenden von Radiowellen zur Lokalisierung von Objekten durch deren Reflexionen. Vermutlich bereits im Jahr 1922 fanden erste Feldversuche zur Radartechnik statt. Der Nutzen einer solchen Technik wurde schnell durch das Militär erkannt.[6] Dort wurde sie stetig weiter entwickelt. Die Freund-Feind-Erkennung (identification, friend or foe – IFF) in Flugzeugen während des zweiten Weltkriegs gilt als erste großflächige Anwendung.[7] Die Technik wird auch heute noch als wichtiger Bestandteil der Signals Intelligence (SIGINT) teilstreitkräfteübergreifend eingesetzt.

Als erste wissenschaftliche Arbeit zum Thema Identifikation mittels Radiofrequenz-wellen gilt das von Harry Stockman 1948 veröffentlichte Paper „Communication by Means of Reflected Power"[8]. Darin beschreibt er die Technik als „Point-to-point communication, with the carrier power generated at the receiving end and the transmitter replaced by a modulated reflector, represents a transmission system which possesses new and different characteristics."[9]

Der kommerzielle Einsatz von RFID[10], einer Technik, die auf der Identifikation durch Radiofrequenzwellen basiert, begann in den 1960er Jahren. Eine der ersten Anwendungen waren Warensicherungssysteme in Kaufhäusern. Dort wurden RFID-Tags zur elektronischen Artikelüberwachung eingesetzt. Die Transponder waren damals im Vergleich zu heute deutlich einfacher aufgebaut. Es konnte nur

---

5 Vgl. Landt, J. (2005), S. 8.
6 Vgl. Landt, J. (2005), S. 3f.
7 Vgl. Kern, C. (2007), S. 7.
8 Stockman, H. (1948).
9 Stockman, H. (1948), S. 1196.
10 Vgl. Gliederungspunkt „Radio Frequency Identification".

zwischen „vorhanden sein" und „nicht vorhanden sein" unterschieden werden. Die Übertragung von zusätzlichen Informationen war damals noch nicht möglich.

In den 1970er Jahren wurde damit begonnen, die Technik zur Verfolgung von Tieren und Fahrzeugen einzusetzen. Ein weiterer Bereich war bei der Automatisierung von Supply Chains und Produktionsprozessen. Während der 1980er Jahren begann die Zahl der Firmen und Institutionen, die an der Weiterentwicklung von RFID arbeiteten, stetig anzusteigen und das enorme Potential der Technik wurde erstmals realisiert. RFID wurde im Transportwesen, für Zutrittsrestriktionen und für Maut-Systeme auf Straßen eingesetzt.

In den 1990er Jahren machten sich auch immer mehr europäische Firmen daran, RFID Applikationen und Implementationen zu entwickeln. Die stetig wachsende Zahl an Unternehmen und Institutionen, sowohl auf der Hersteller-, als auch auf der Konsumentenseite, zeigten die Notwendigkeit auf, Standards zu schaffen. Der Einsatz im Bereich Zutrittsrestriktionen wurde ausgebaut, es gab erste elektronische Skipässe und die Verwendung bei Maut-Systemen setzte sich mehr und mehr durch.[11] Seit dem Jahr 2000 wurden Standardisierungsprozesse weiter vorangetrieben. RFID- und NFC-Techniken erhielten Einzug in verschiedene Bereiche des Handels, Begriffe wie „Ubiquitous Computing"[12] und „Internet der Dinge" als Visionen einer Zukunft mit smarten Alltagsgegenständen wurden geprägt.

Grundbegriffe

Technischer Fortschritt ist nicht im Detail planbar. Allerdings kann durch die Extrapolation von Trends mit einer gewissen Wahrscheinlichkeit auf die nähere Zukunft geschlossen werden.[13] Nachfolgend werden Grundbegriffe erklärt, die eben solche Trends erkennen lassen.

Ubiquitous Computing und Pervasive Computing

Der Begriff Ubiquitous Computing oder auch UbiComp, also Rechnerallgegenwart, wurde erstmals von Mark Weiser im Jahr 1991 in seinem visionären Aufsatz „The computer for the 21st century"[14] geprägt. Weiser war Professor für Informatik und Forscher am renommierten Xerox Palo Alto Research Center (PARC). Er prognostizierte bereits damals Rechnerallgegenwart für die Zukunft und schrieb „specialized elements of hardware and software, connected by wires, radio waves and infrared, will be so ubiquitous that no one will notice their presence."[15] Seine Vision war es, dass Computer als sichtbare Geräte verschwinden und zukünftig nur noch als integrative Bestandteile einer neuen Generation von intelligenten Alltagsgegen-

---

11 Vgl. Landt, J. (2001), S. 4 ff.
12 Vgl. Langer, J., Roland, M. (2010), S. 3.
13 Vgl. Mattern, F. (2005), S. 3.
14 Weiser, M. (1991).
15 Weiser, M. (1991), S. 94.

ständen auftreten werden.[16] Der Terminus technicus Computer steht dabei für „ein durch seine physische Gestalt identifizierbares Rechengerät."[17]

Ein zweiter in diesem Kontext häufig benutzter Begriff ist Pervasive Computing, also Rechnerdurchdringung. Er wird oftmals äquivalent zu UbiComp gebraucht. Die beiden Termini beschreiben das gleiche Phänomen, der Unterschied liegt im Standpunkt des Betrachters. Der von Weiser geprägte Ausdruck „Ubiquitous Computing" beschreibt in „akademisch-idealistischer Weise [...] eine unaufdringliche, humanzentrierte Technikversion [...], die sich erst in der weiteren Zukunft realisieren lässt"[18]. Pervasive Computing hingegen bezieht sich auf den Standpunkt der Industrie „mit dem primären Ziel Rechnerdurchdringung kurzfristig im Rahmen von Electronic-Commerce-Szenarien und Webbasierten Geschäftsprozessen nutzbar zu machen."[19]

Das Internet der Dinge

Ein weiterer, in ähnlichem Zusammenhang gebrauchter Terminus, ist das Internet der Dinge. Der Begriff „Internet of Things" (IoT) wurde erstmals 1999 von Kevin Ashton als Titel einer Präsentation beim Konsumgüter-Konzern Procter & Gamble verwendet. Darin ging es um die Integration von Radio Frequency Identification in die Wertschöpfungskette der Firma.[20] Das Internet der Dinge steht für die „Vision einer Welt smarter Alltagsgegenstände, welche mit digitaler Logik, Sensorik und der Möglichkeit zur Vernetzung ausgestattet ein Internet der Dinge bilden, in dem der Computer als eigenständiges Gerät verschwindet und in den Objekten der physischen Welt aufgeht."[21] Der Ausdruck „smart" bedeutet in diesem Zusammenhang, dass der Mensch einen Teil der Kontrollaufgaben „an Dinge und Dienstleistungen abgibt."[22] Dabei ist „smart" allerdings weniger im Sinne von „intelligent", sondern eher als „situationsangepasstes Verhalten" zu verstehen.[23]

Elementare Eigenschaften des Internets der Dinge sind dabei Kommunikation und Kooperation, Adressierbarkeit, automatische Identifikation, Sensorik, Effektorik, eingebettete Informationsverarbeitung, Lokalisierung und Benutzerschnittstellen.[24]

Kommunikation und Kooperation

Um eine reibungslose Kommunikation und Kooperation zu gewährleisten, ist eine Vernetzung der Objekte nötig. Dabei sind neben Funktechniken wie Radio Fre-

---

16 Vgl. Weiser, M. (1991), S. 94.
17 Mattern, F. (2001).
18 Mattern, F. (2001).
19 Mattern, F. (2001).
20 Vgl. Ashton, K. (2009).
21 Vgl. Fleisch, E., Mattern, F. (2005), S. V.
22 Fleisch, E. (2005), S. 22.
23 Vgl. Mattern, F. (2005), S. 2.
24 Vgl. Mattern, F., Flörkemeier, C. (2010), S. 109f.

quenz Identifikation und Near Field Communication bspw. auch Mobilfunkstandards wie das Global System for Mobile Communications (GSM), oder das Universal Mobile Telecommunications System (UMTS) nötig. Der zukünftige Mobilfunkstandard der vierten Generation (4G) Long Term Evolution (LTE) bietet dafür mit einer maximalen Datenübertragungsrate von bis zu 1 GB/Sek[25] beste Voraussetzungen.

Phänomene der Kooperation sind vor allem Cloud Computing (CC) und Grid Computing (GC). Cloud Computing bedeutet, dass IT-Infrastrukturen bedarfsgerecht über ein Netzwerk zur Verfügung gestellt werden. Das National Institute of Standards and Technology (NIST), eine Abteilung des US-amerikanischen Wirtschaftsministeriums, hat im Jahr 2011 folgende Definition erarbeitet: „Cloud computing is a model for enabling ubiquitous, convenient, on-demand network access to a shared pool of configurable computing resources (e.g. networks, servers, storage, applications, and services) that can be rapidly provisioned and released with minimal management effort or service provider interaction."[26]

Der Begriff Grid Computing stammt bereits aus den 1990er Jahren. Er bezeichnet eine Form des verteilten Rechnens, bei dem ein virtueller Rechner durch die Koppelung von einzelnen physischen Rechnern temporär geschaffen wird, um damit rechnerleistungsintensive Aufgaben bewältigen zu können.[27]

Adressierbarkeit

Eindeutige Adressierbarkeit ist eine wichtige und fundamentale Voraussetzung des Internets der Dinge. Dabei sind drei Elemente essentiell. Adressierbarkeit im Internet, Adressierbarkeit von Produkten und die Verknüpfung der beiden Dimensionen. Die Adressierbarkeit über das Internet findet mittels einer standardisierten Zahlenkombination, einer sog. IP-Adresse, statt. Eine IP-Adresse nach dem IPv4-Standard ist binär aufgebaut und besteht aus vier Zahlenblöcken mit Zahlen zwischen 0 und 255. Sie hat eine Größe von 32 Bit.[28] Im IPv4-Adressraum sind theoretisch maximal 2^{32}, also in etwa 4,3 Mrd., unterschiedliche Adressen möglich. Das erschien bei der Einführung von IPv4 im Jahr 1983 mehr als ausreichend. Anfang der 90er Jahre zeigte sich jedoch, dass diese Einschätzung falsch war und so wurde ab dem Jahr 1995 mit der Entwicklung des Nachfolgestandards IPv6 begonnen.[29] Im Unterschied zum IPv4-Standard besteht eine IPv6-Adresse aus acht Blöcken zu je vier Hexadezimalzahlen mit einer Gesamtgröße von 128 Bit. In diesem deutlich größeren Adressraum sind theoretisch maximal 2^{128} unterschiedliche, einzeln zuordenbare Adressen möglich. Dieser umfangreiche Zahlenraum bietet ausreichend Potential für die zukünftige Entwicklung. Der neue Standard IPv6 wurde am 6. Juni 2012

---

25 Vgl. Ariyavisitakul, S. et al. (2012), S. 102.
26 NIST (2011), S. 2.
27 Vgl. Forster, I. et al. (2008), S. 1.
28 Vgl. Gernroth, J. (2008), S. 5.
29 Vgl. Bauer, K. (2003).

eingeführt. Aktuell existieren beide Protokolle parallel. Nach Expertenmeinung wird es allerdings noch Jahre dauern, bis sich der neue Standard endgültig durchsetzen wird.[30] Zeitgleich mit der Einführung wurde durch die Marketingabteilung der „Internet Society"[31] eine Aufklärungs- und Werbekampagne gestartet.

Die Adressierbarkeit und Identifikation von Produkten wird durch den elektronischen Produktcode (EPC) gewährleistet. Der EPC wurde zwischen 1999 und 2003 im Auftrag der amerikanischen Industrie vom Massachusetts Institute of Technology (MIT) entwickelt. Durch den EPC ist eine eindeutige Identifikation von Objekten mittels standardisierter Nummernfolgen möglich. Ein EPC besteht aus vier Feldern: Versionsnummer, Herstellernummer, Produktionsnummer und individuelle Identifikationsnummer.[32] Die Codes werden durch die kommerzielle Standardisierungsorganisation Global Standards One (GS1) verwaltet. Sie kümmert sich um die Definition der notwendigen Standards, die Vermarktung und die Öffentlichkeitsarbeit.

Um die Interoperabilität zu gewährleisten, wird die Verknüpfung der beiden Dimensionen, IP-Adresse und EPC, durch den „Object Name Service" (ONS) realisiert. Die Daten, die über die IP-Adresse abgerufen werden, sind in der Regel in der Auszeichnungssprache Extensible Markup Language (XML) gespeichert und können somit über das Datenübertragungsprotokoll Hypertext Transfer Protocol (HTTP) abgerufen werden.[33] Der ONS basiert auf dem „Domain Name System" (DNS), das den numerischen IP-Adressen alphanumerische Realnamen zuordnet.[34] Diese sind für eine praktische Nutzung besser geeignet.

Automatische Identifikation (Auto-ID)

Als automatische Identifikation, oder auch Auto-ID, wird jedes technische Mittel zur automatischen Identifizierung von Objekten bezeichnet.[35] Die bekanntesten davon sind Barcode, Optical Character Recognition/ Intelligent Character Recognition (OCR/ICR)[36], Biometrik, QR-Codes[37] und RFID/NFC. Abbildung 1 auf der folgenden Seite gibt eine Übersicht über verschiedene Dimensionen im Bereich der Auto-ID.

---

30 Vgl. Haluschak, B. (2012).
31 Eine internationale NGO zur Pflege und Weiterentwicklung der Internetinfrastruktur.
32 Vgl. Sarma, S. et al. (2001), S. 51.
33 Vgl. Sarma, S. et al. (2003), S. 463.
34 Vgl. Gernroth, J. (2008), S. 6.
35 Vgl. Finkenzeller, K. (2008), S. 3.
36 Finden u.a. bei der Kennzeichenerfassung im Rahmen der Verkehrsüberwachung Anwendung.
37 QR-Codes werden im Gliederungspunkt „Read/Write Modus" genauer erläutert.

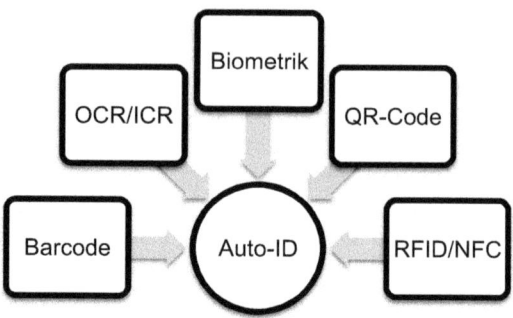

Abbildung 1: Dimensionen der Auto-ID[38]

Sensorik und Effektorik

Sensorik bedeutet, dass Objekte Informationen der Umwelt erfassen können. Je nachdem, um welche Informationen es sich handelt und in welchem Bereich das Objekt eingesetzt wird, werden diese aufgezeichnet, weitergemeldet oder initiieren eine entsprechende Reaktion.[39]

Ein Beispiel hierfür ist die technische Ausstattung moderner Autos. Diese enthalten eine Vielzahl verschiedener Sensoren um bspw. die Fahrwerkseinstellung der Geschwindigkeit und dem Untergrund anzupassen, um Umgebungsparameter zwecks der dynamischen Optimierung der Motorwerte zu erfassen oder um die Scheibenwischanlage bei Regen zu aktivieren.

Im Internet der Dinge besitzen Objekte auch Effektoren, um auf die Umwelt einzuwirken.[40] So können ferngesteuert über das Internet Prozesse der Realität beeinflusst werden. Es sind bspw. jetzt schon Techniken verfügbar um von unterwegs die Hauselektronik zu bedienen und so die Alarmanlage, die Rollläden oder die Heizung zu steuern.

Eingebettete Informationsverarbeitung

Eingebettete Informationsverarbeitung ist die Schnittstelle zum Ubiquitous Computing. Um Sensorik und Effektorik zu gewährleisten, müssen Objekte des Internets der Dinge über integrierte Bestandteile wie Prozessoren oder Mikrochips, aber auch Datenspeicher verfügen.[41]

Die technische Entwicklung bei Prozessoren folgt einer Gesetzmäßigkeit, die nach ihrem Begründer, Gordon Moore[42], unter dem Namen „Moore'sches Gesetz"

---

38 Eigene Darstellung i.A.a. Finkenzeller, K. (2008), S. 3.
39 Vgl. Mattern, F., Flörkemeier, C. (2010), S. 109.
40 Vgl. Mattern, F., Flörkemeier, C. (2010), S. 109.
41 Vgl. Mattern, F., Flörkemeier, C. (2010), S. 109.
42 Einer der Mitbegründer des amerikanischen Halbleiterherstellers Intel.

oder auch „Gesetz von Moore" bekannt ist. Es besagt, dass sich die Anzahl der Transistoren auf einem Chip etwa alle zwei Jahre verdoppelt.[43]
Mathematisch kann die Komplexität dieses Phänomens durch die Formel:

$$K(t) = K_0 e^{\lambda t}$$

mit:
- K: Komplexität
- t: Zeit
- λ: Zunahmerate, mit: $\lambda = ln(2) / T_2$
- T_2: Verdoppelungszeit

beschrieben werden. Das Gesetz wurde bereits im Jahr 1965 formuliert, hat aber auch heute noch seine Gültigkeit.

Einer der Gründe, dass das Gesetz mittlerweile fast 50 Jahre später immer noch seine Gültigkeit hat, ist, dass es als eine „self-fulfilling prophecy" angesehen werden kann.[44] Dabei handelt es sich um eine Vorhersage, die sich deshalb erfüllt, weil derjenige, der an die Prophezeiung glaubt, sich – meist unbewusst – aufgrund der Gewissheit über die Prophezeiung so verhält, dass sie sich erfüllt.[45]

Lokalisierung

Die wichtigste Technik um Lokalisierung zu ermöglichen ist das Global Positioning System (GPS). GPS ist mittlerweile schon ein elementarer Bestandteil von modernen Smartphones und die auch die Verbreitung bei anderen Objekten des täglichen Gebrauchs nimmt immer mehr zu. So gibt es bspw. zunehmend Digitalkameras, die mit GPS-Empfängern ausgestattet sind um in den Metadaten eines digitalen Fotos zusätzlich die GPS-Daten des Aufnahmeortes abzuspeichern. Neben GPS kommen beim Internet der Dinge auch optische Techniken zum Einsatz.[46]

Benutzerschnittstellen

Um auf adäquate Weise mit den Menschen kommunizieren zu können, müssen die Objekte über geeignete Benutzerschnittstellen verfügen. Wichtige Techniken sind hierbei Sprach-, Bild- und Gestenerkennung.[47] In intuitiven Benutzerschnittstellen liegt der Schlüssel zur Akzeptanz beim Konsumenten.[48] So hat die amerikanische Firma Apple mit der Version 4S ihrer iPhone-Reihe die Sprachsteuerung SIRI[49] eingeführt und dafür durchweg positive Rezensionen erhalten.[50]

---

43 Moore, G. (1965), S. 115.
44 Vgl. The Inquirer (2005).
45 Vgl. Smith, M., Mackie, D. (2000), S. 94f.
46 Vgl. Mattern, F., Flörkemeier, C. (2010), S. 110.
47 Vgl. Mattern, F., Flörkemeier, C. (2010), S. 110.
48 Vgl. Uhl, E. (2000), S. 371.
49 Akronym für Speech Interpretation and Recognition.
50 Vgl. Apple (2012).

Zusammenfassung

Der National Intelligence Council (NIC), das übergeordnete analytische Organ aller amerikanischen Geheimdienste, zählt Ubiquitous Computing und das Internet der Dinge zu den „Top 3" - Techniken mit den größten Durchbruchchancen bis zum Jahr 2025.[51] Daran lässt sich, neben allen technischen Aspekten, auch die politische Brisanz erkennen. Eine Welt aus smarten Alltagsgegenständen führt zu einer deutlich veränderten Wahrnehmung der Umgebung, was gesellschaftliche, ökonomische und in letzter Konsequenz auch politische Auswirkungen haben kann.[52] Techniken der Radiofrequenzübertragung wie Smartcards, NFC und RFID sind dabei Komponenten, welche die echte mit der digitalen Welt verbinden.[53] Sie sind die „Browser für das Internet der Dinge"[54].

Smartcards

Es gibt verschiedene Entwicklungsstufen einer Smartcard, auch als Integrated Circuit Card (ICC) oder im deutschen Sprachgebrauch als Chipkarte bekannt. Die früheste Entwicklungsstufe war dabei die geprägte Karte. Das im Bereich Direktbanking und Zahlungsverkehrsdienstleistungen tätige US-amerikanische Unternehmen Diner's Club[55] entwickelte die erste geprägte Kreditkarte im Jahr 1950.[56] Die Daten wurden ausschließlich optisch erfasst.

Die nächste Entwicklungsstufe stellte die Einführung eines Magnetstreifens auf der Rückseite der Karte dar. Somit konnten erstmals digitale Daten gespeichert und maschinell ausgelesen werden. Die Schwachstelle der Magnetstreifen war allerdings, dass die darauf gespeicherten Daten auch relativ einfach unautorisiert ausgelesen, gelöscht oder manipuliert werden können.[57]

Daher wurde an einer optimierten Lösung gearbeitet. Der deutsche Erfinder Jürgen Dethloff und der Ingenieur Helmut Gröttrup entwickelten eine Karte mit integriertem Schaltkreis und meldeten die Technik am 10. September 1969 zum Patent an.[58] In der Folge wurde in diesem Bereich weitergeforscht und eine Reihe anderer Patente entstand. Der Durchbruch gelang allerdings erst, als die Halbleiterindustrie es schaffte, die notwendigen integrierten Schaltkreise zu annehmbaren Preisen anzubieten. Eine der ersten großflächigen Anwendungen waren Pre-Paid Karten für öffentliche Telefone. Im Jahr 1990 lag die Zahl bei weltweit ca. 60 Millionen, 1997 waren es bereits mehrere Hundert Millionen.[59]

---

51 Vgl. National Intelligence Council (2008), S. 47.
52 Vgl. Mattern, F. (2001).
53 Vgl. Atzori, L. et al. (2010), S. 2789.
54 Gruntz, D. (2011), S. 5.
55 Diner's Club (2012).
56 Vgl. Diner's Club (2011).
57 Vgl. Effing, W., Rankl, W. (2003), S. 2f.
58 Vgl. Deutsches Patent- und Markenamt (1969).
59 Vgl. Effing, W., Rankl, W. (2003), S. 3.

Im Jahr 1984 wurden in Frankreich die ersten Bankkarten mit einer Kombination aus Magnetstreifen und integrierten Schaltkreisen eingeführt. Diese verfügten im Vergleich zu den zuvor beschriebenen Telefonkarten über deutlich aufwendigere technische Spezifikationen um die kryptographischen Anforderungen zu erfüllen.

Der aktuelle Entwicklungsstand sind kontaktlose Smartcards oder auch Transponderkarten. Diese verfügen über einen Sender, mittels dessen sie über ein wechselseitiges elektromagnetisches Feld durch Radiofrequenzwellen mit einem Lesegerät o.ä. kommunizieren können. Es genügt, die Karte in die Nähe des Lesegeräts zu bringen um die Daten auszulesen. Dabei werden drei Bereiche bezüglich der Reichweite unterteilt. Die Bereiche und damit verbundenen technischen Anforderungen und Spezifikationen sind in drei verschiedenen Standards[60] beschrieben. Tabelle 1 zeigt die Standards, den jeweiligen Smartcardtyp und die Reichweite.

Tabelle 1: Standards im Bereich von Smartcards[61]

Standard	Smartcardtyp	Reichweite
ISO/IEC 10536	Close Coupling Card	bis. ca. 1 cm
ISO/IEC 14443	Proximity Coupling Card (PICC)	bis ca. 10 cm
ISO/IEC 15693	Vicinity Coupling Card (VICC)	bis ca. 1 m

Kontaktlose Smartcards werden häufig für Zutrittsbeschränkungen eingesetzt. Die österreichische Nationalbibliothek ist bspw. ausschließlich über personalisierte kontaktlose Smartcards zugänglich.[62]

Radio Frequency Identification

Die Technik der kontaktlosen Kommunikation mittels Funk ist in ihrer heutigen Ausprägung unter zwei Namen bekannt: Radio Frequency Identification (RFID) und Near Field Communication (NFC). Technisch gesehen sind sich RFID und NFC sehr ähnlich. Ein Unterscheidungsmerkmal sind die Anwendungsbereiche. RFID wird primär in der Logistik eingesetzt, wohingegen NFC eher für den Handel konzipiert wurde. RFID ist ein Sammelbegriff für die Kommunikation durch Radiofrequenzwellen. Ein RFID-System besteht aus einem Transponder und einem Lesegerät. Das Lesegerät initiiert ein wechselseitiges elektromagnetisches Feld durch Radiofrequenzwellen. So können Daten ausgetauscht werden. Es wird zwischen aktiven und passiven Transpondern unterschieden.

Bei passiven Transpondern hat der Chip keine eigene Energiequelle und ist grundsätzlich inaktiv. Er wird über die elektromagnetischen Wellen des Lesegeräts aktiviert. Die elektromagnetische Strahlung induziert über eine Spule eine Spannung und die auf dem Chip gespeicherten Daten werden zurück gesendet. Die Reichweite ist generell geringer als die von aktiven Transpondern.

---

60 Vgl. Gliederungspunkt „Wichtige Standards im Zusammenhang mit NFC".
61 Eigene Darstellung i.A.a. Effing, W., Rankl, W. (2003), S. 101.
62 Eigene Erfahrung des Autors.

Ein aktiver Transponder verfügt über eine unabhängige Stromquelle. Er ist, ähnlich wie ein passiver Chip, grundsätzlich inaktiv. Sobald er allerdings durch die elektromagnetischen Wellen des Lesegeräts aktiviert wird, fängt er selbstständig zu senden an. Die Sendeleistung ist dabei erheblich stärker als bei einem passiven RFID-Tag. Außerdem kann in höheren Frequenzbereichen gesendet werden. Somit wird eine erheblich größere Reichweite realisiert. Aktive Transponder bieten noch weitere Vorteile. Sie können beispielsweise mit elektronischen Messgeräten, die Werte wie Temperatur oder Druck überwachen, gekoppelt werden. Damit ist es möglich, dass beim Erreichen bestimmter Grenzwerte über den RFID-Transponder eine Warnmeldung ausgesandt wird.[63]

Ein weiteres Unterscheidungskriterium sind die Übertragungsfrequenzen. Diese umfassen ein breites Spektrum und können im Lang-, Mittel-, Kurz- oder Mikrowellenbereich liegen.[64] Je nach benötigter Reichweite des Systems werden unterschiedliche Transponder eingesetzt. Die Leserate, also der Teil der gesendeten Daten, der auch tatsächlich vom Empfänger erfasst wird, ist abhängig von Frequenz und Distanz. Je geringer die Distanz bei der Übertragung, desto niedriger ist auch die Übertragungsfrequenz.[65] Systeme, die auf niedrigen Frequenzen kommunizieren, sind sowohl in Bezug auf die Tags, als auch die Lesegeräte, die kostengünstigere Variante. Die maximale Reichweite von RFID Systemen unter Optimalbedingungen und entsprechenden technischen Voraussetzungen liegt bei über einem Kilometer. In der Praxis hat sich gezeigt, dass eine solch enorme Reichweite nur schwer zu realisieren ist, da auch Störfaktoren wie z.B. Magnetfelddifferenzen einwirken. Außerdem würde der technische Aufwand erhebliche Kosten verursachen.[66]

In Supply Chains bringt die eindeutige und schnelle Identifizierung durch den Einsatz von RFID viele Vorteile mit sich: Rückverfolgbarkeit, Vereinfachung von Garantie- und Umtauschfällen, leichtere Erfassung in Warenwirtschaftssystemen, Plagiatsschutz und Fälschungssicherheit.[67]

Der Chip kann auch neu beschrieben werden. Das heißt, die Daten können aktualisiert, ergänzt oder auch gelöscht werden. So können bspw. bei einem Produkt neben Bezeichnung und Preis zusätzlich das individuelle Mindesthaltbarkeitsdatum, Herstellungszeit und -ort oder bei Bedarf die Transportroute abgefragt werden. Bei der Verwendung in der Praxis sind vor allem die Kosten ein wichtiges Argument. Der Einsatz von UbiComp-Techniken bei der Datenerfassung führt zu einer drastischen Zeit- und Kostenersparnis.

---

63 Vgl. Informationsforum RFID e.V. (2009), S. 4.
64 Vgl. Finkenzeller, K. (2008), S. 22.
65 Vgl. RFID Journal (2012).
66 Vgl. RFID Journal (2012).
67 Vgl. BITCOM et al. (2006), S. 2.

Near Field Communication

Der Begriff Near Field Communication (NFC) wurde 2002 vom Halbleiterhersteller NXP Semiconductors[68] (damals die Halbleitersparte des niederländischen Elektronikkonzerns Philips[69]) und der japanischen Firma Sony[70] für den Einsatz von RFID im Nahbereich eingeführt.[71] Die beiden Firmen beschlossen ihre Kompetenzen auf diesem Gebiet zu bündeln. Im April 2004 schloss sich das Mobilfunkunternehmen Nokia an und gemeinsam wurde das NFC Forum[72] gegründet.

Aus technischen Gesichtspunkten sind sich RFID und NFC sehr ähnlich. Während allerdings die RFID Technik ein ganzes Spektrum an Übertragungsfrequenzen und damit korrespondierenden Reichweiten und Übertragungsgeschwindigkeiten umfasst, ist NFC vereinheitlicht. Bei der Entwicklung wurde auch auf die Kompatibilität mit Proximity coupling Cards geachtet. Die Übertragungsfrequenz[73] von NFC ist daher ebenfalls über den international gültigen Standard „ISO/IEC 14443: Identification cards - Contactless integrated circuit(s) cards - Proximity cards" definiert und liegt bei 13,56 MHz[74]. Die Datenübertragungsrate liegt bei 424 KBit/S[75]. Die Reichweite wird damit bewusst auf maximal zehn Zentimeter beschränkt. Die beiden Kommunikationspartner müssen sich im Nahfeld der jeweils anderen Sendeantenne befinden. Daraus erklärt sich auch der Name Near Field Communication.[76] Schon bei der Entwicklung wurde darauf geachtet, dass sich die Technik problemlos in Mobiltelefone integrieren lässt. Es sind sowohl die Termini NFC-Chip, NFC-Transponder, als auch NFC-Tag geläufig und werden äquivalent verwendet.

In der Literatur findet sich keine exakte Abgrenzung von RFID und NFC. Bei NFC handelt es sich äquivalent zu RFID um eine Technik der Kommunikation mittels Radiofrequenzwellen. RFID umfasst ein breites Spektrum an Übertragungsfrequenzen und hat – daraus resultierend – unterschiedliche Reichweiten. NFC ist bezüglich der Übertragungsfrequenz und der Reichweite standardisiert und kann somit als Teilbereich von RFID angesehen werden.

Technische Grundlagen von NFC in Mobiltelefonen

Im folgenden Abschnitt werden die technischen Grundlagen der NFC Technik erklärt. Dazu werden anfangs Aufbau und Funktionsweise eines Funkchips erläutert.

---

68 NXP Semiconductors (2012).
69 Philips (2012).
70 Sony (2012).
71 Vgl. Langer, J., Roland, M. (2010), S. 4.
72 Vgl. Gliederungspunkt „Das NFC Forum – Eine Standardisierungsinitiative".
73 Wird auch als Trägerfrequenz bezeichnet.
74 Vgl. Kern, C. (2007), S. 172.
75 Vgl. Grassie, K. (2007), S. 12.
76 Vgl. Finkenzeller, K. (2008), S. 65.

Anschließend werden die verschiedenen Modi eines NFC-Chips und weitere Spezifikationen dargelegt. Als Letztes wird das komplexe NFC Ökosystem beschrieben.

Aufbau und Funktionsweise eines NFC-Tags

Im Gegensatz zu RFID wird bei NFC nicht zwischen aktiven und passiven Transpondern unterschieden. Alle Transponder sind aktiv. Sie können jedoch – je nach Betriebsmodus – auch passiv reagieren. Ein NFC-Transponder ist immer mit einer Energiequelle versehen. Für den aktiven Modus muss eine Energiezufuhr gewährleistet sein. Der passive Modus funktioniert auch ohne externe zusätzliche Stromversorgung. Er arbeitet somit beispielsweise auch wenn das Mobiltelefon ausgeschaltet ist oder der Akkumulator keine Energie mehr hat.

Bei der Kommunikation zwischen zwei NFC-Tags kann jeder Chip „unterschiedliche Funktionen einnehmen, die eines NFC-Initiators (Master Device) oder die eines NFC-Targets (Slave Device)"[77]. Der Initiator leitet immer den Aufbau der Kommunikation ein. Dr. Gerald Madlmayr, Fachmann für NFC/RFID und Mitarbeiter am „NFC Research Lab" der FH Hagenberg, beschreibt den Ablauf folgendermaßen: „Grundsätzlich wird davon ausgegangen, dass sich jedes NFC-Gerät im Target Modus befindet. Innerhalb von bestimmten Zeitabständen von wenigen Millisekunden wechselt das Gerät allerdings in den Initiator-Modus und sucht nach RF-Feldern anderer Initiatoren. Wenn das Feld gefunden wurde, kehrt das NFC-Gerät wieder in den Target-Modus zurück, um von dem anderen Gerät gefunden werden zu können. Andernfalls baut das Gerät selbst ein Feld auf und sucht nach NFC-Targets, mit denen eine Kommunikation aufgebaut werden kann [...]. Wird ein NFC-Target gefunden [...] kommt es zu einem Verbindungsaufbau und die Datenübertragung kann gestartet werden."[78] Daraufhin wird i.d.R. eine Anwendung initiiert. Das kann bspw. das Öffnen einer URL in einem Browser oder das Versenden einer Textnachricht sein.[79] Um die Strahlung aufnehmen zu können, enthält der Transponder „eine großflächige Antennenspule mit typischerweise 3 ... 6 Wdg [Windungen; Anm.d.A.] Draht"[80].

Aktuell existieren vier verschiedene Arten von NFC-Tags. Diese unterscheiden sich in Speichergröße, Preis und in der Möglichkeit, ob sie aktiven Inhalt unterstützen. Aktiver Inhalt bedeutet, dass der Transponder selbstständig seinen Inhalt ändern kann. Ein Beispiel wäre ein Zähler, der die Anzahl der Auslesungen erfasst.[81]

Die Preisangaben niedrig, mittel und hoch sind relativ zu sehen. Schon bei der Entwicklung der Technik wurde darauf geachtet, dass die Herstellungskosten nied-

---

77 Finkenzeller, K. (2008), S. 65.
78 Madlmayr, G. (2009), S. 41.
79 Resatsch, F. (2009), S. 34.
80 Finkenzeller, K. (2008), S. 277.
81 Vgl. NFC-Tag.de (2012).

rig sind.[82] Die Kosten für einen Chip mit hohem Preisniveau belaufen sich momentan auf einen Betrag von ca. USD 0,50.[83]

Neben der Antennenspule ist der zweite elementare Bestandteil eines Transponders das Secure Element. Dabei handelt es sich um einen externen, gesicherten Datenspeicher. Im Gliederungspunkt „Das Secure Element" wird darauf genauer eingegangen.

Anwendungsmodi von NFC im Mobiltelefon

Das NFC-Forum[84] hat drei Anwendungsmodi für den Einsatz von NFC im Mobiltelefon definiert. Die zu Grunde liegenden Standards heißen „ISO/IEC 18092, Near Field Communication Interface and Protocol-1", oder in der Kurzversion NFCIP-1[85], ISO 14443-A und ISP 14443-B. Die drei Modi sind Read/Write Modus, Tag Emulation Modus und Peer-to-Peer Modus. Der Zustand des NFC-Chips ist dabei entweder aktiv oder passiv.

Read/Write Modus

Im Write Modus agiert der NFC-Chip aktiv und im Read Modus reagiert er passiv. Im Schreibmodus können neue Daten oder Datenupdates auf einen NFC-Transponder geschrieben werden.[86] Ein Anwendungsbeispiel für den Lesemodus ist das Auslesen von Daten eines Tags am Point-of-Sale. Durch die NFC-Technologie können Zusatzinformationen zu einem Produkt abgefragt werden, ohne mit einem Smartphone extra einen Internetbrowser öffnen und eine Domain eintippen zu müssen.[87]

Tag Emulation Modus

Im Tag Emulation Modus reagiert das NFC-fähige Mobiltelefon passiv auf die Anfrage eines Senders und emuliert eine kontaktlose Smartcard[88]. Da in diesem Modus keine Interaktion des NFC-Chips mit dem Betriebssystem des Mobiltelefons stattfindet, funktioniert er auch, wenn dieses ausgeschaltet ist.[89] Ein Einsatzbereich hierbei ist die elektronische Brieftasche.[90]

Peer-to-Peer Modus (P2P Modus)

Der Peer-to-Peer Modus (P2P Modus) beschreibt die Kommunikation von zwei NFC-fähigen Geräten untereinander auf Basis von Radiofrequenztechnologie. Bei-

---

82 Vgl. Clark, S. (2012,1), S 18.
83 Vgl. Clark, S. (2012,1), S. 32.
84 Vgl. Gliederungspunkt „Das NFC-Forum – eine Standardisierungsinitiative".
85 Vgl. Clark, S. (2012,1), S. 7.
86 Vgl. Clark, S. (2012,1), S. 8.
87 Vgl. Al-Ofeishat, H., Rababah, M. (2012), S. 94.
88 Vgl. Gliederungspunkt „Smartcards".
89 Bauersachs, I., Gruntz, D. (2010), S.37.
90 Vgl. Gliederungspunkt „Payment".

de NFC-Chips agieren dabei aktiv.[91] Diese Technik findet vor allem beim Austausch von Daten wie bspw. Kontakten zwischen zwei Mobiltelefonen Anwendung. Zwei NFC-fähige Smartphones müssen dabei in den gegenseitigen Nahbereich gebracht werden. Dieser Modus wird daher auch als „device-pairing" bezeichnet. NFC dient dabei als drahtlose Datenschnittstelle ähnlich wie Infrarot oder Bluetooth.[92] Android, das Smartphone Betriebssystem der Firma Google, hat diese Funktion seit der Version „Android 4.0: Ice Cream Sandwich" unter dem Namen „Android Beam" bereits integriert.

Platzierung des Chips

Die konzeptionelle Idee bei der Entwicklung von NFC war ein Einsatz im Mobiltelefon. Da die Hardwarehersteller die Technik allerdings erst langsam adaptieren[93], haben sich notgedrungen andere Möglichkeiten der Platzierung entwickelt. Ein Mobiltelefon enthält in der Regel schon mindestens zwei andere Antennen: eine um zu telefonieren und eine zweite um Funktionen wie Bluetooth, WLAN[94] und GPS abzuwickeln. Bei der Platzierung des Chips gilt es daher darauf zu achten, dass keine Interferenzen mit anderen Funkwellen auftreten.[95] Aktuell werden vier verschiedene Möglichkeiten unterschieden. Als Erstes – wie auch ursprünglich angedacht – als integrativer Bestandteil des Mobiltelefons, als Zweites auf der SIM Karte, als Drittes auf einer externen Speicherkarte (SD Memory Card) oder als Viertes auf einer zusätzlichen Hülle.[96]

Platzierung im Mobiltelefon

Das erste NFC-fähige Mobiltelefon, das Nokia 6131, wurde bereits auf der CeBIT 2007 vorgestellt und kam Anfang 2008 in den Handel.[97] Seit diesem Zeitpunkt wird der Technik regelmäßig ein Durchbruch im Mobilfunkbereich vorhergesagt. Genauso regelmäßig wird der prognostizierte Durchbruch allerdings auch in die Zukunft verschoben. Sollte NFC zukünftig weiter an Akzeptanz gewinnen, werden die Chips, nach der Meinung von Experten, wohl standardmäßig in Mobiltelefonen verbaut. Diese Lösung wird von Over-the-Top Playern wie Google präferiert.[98] Da es nach wie vor an NFC-fähigen Endgeräten mangelt, wurden weitere Alternativen entwickelt.

---

91 Bauersachs, I., Gruntz, D. (2010), S.38.
92 Vgl. Finkenzeller, K. (2008), S. 64.
93 Vgl. Gliederungspunkt „Mangel an Hardware".
94 Im angelsächsischen Sprachraum wird äquivalent der Begriff „WiFi" verwendet.
95 Vgl. Clark, S. (2012,1), S. 63f.
96 Vgl. Clark, S. (2012,1), S. 73ff.
97 Vgl. Chip Online (2008).
98 Vgl. GSMA (2012,1), S. 1.

Platzierung auf der SIM Karte

Eine Möglichkeit, die vor allem von den Mobilfunk-Providern unterstützt wird, ist die Platzierung des NFC-Tags auf der SIM Karte. Die „Global System for Mobile Communications Association" (GSMA), eine weltweite Vereinigung von über 800 Mobilfunkanbietern, hat Ende 2011 beschlossen, zukünftig NFC Chips in SIM-Karten zu integrieren. 45 der weltweit führenden Mobilfunkanbieter, unter ihnen auch die Deutsche Telekom und die Telekom Austria, haben sich dazu verpflichtet, technische Lösungen zu erarbeiten.[99] Diese Variante erscheint neben der integrativen als diejenige mit dem größten Zukunftspotential.

Platzierung auf einer SD Memory Card

Die Entwicklung eines NFC-Tags auf einer Secure Digital (SD) Memory Card wurde ursprünglich als Zwischenlösung entwickelt, um die Zeit zu überbrücken, bis die integrative Verbreitung in Mobiltelefonen weiter voran geschritten ist. Mittlerweile wird diese Option allerdings auf Grund der Unabhängigkeit von Hardwareherstellern und Mobilfunk-Providern vor allem von Banken und anderen Finanzinstitutionen präferiert.[100] NFC SD Memory Cards sind allerdings nicht sonderlich verbreitet und auch die Zahl der Anbieter ist beschränkt.[101]

Platzierung auf einer externen Schale

Die Option, einen NFC-Transponder in eine externe Schale eines Mobiltelefons zu integrieren, wurde für das iPhone von Apple entwickelt, da dieses über keine Slots für Speicherkarten verfügt und somit die Option einer SD Memory Card ausscheidet. Der große Nachteil hierbei ist, dass der Chip ausschließlich passiv reagieren kann. Da er nicht direkt mit dem Mobiltelefon verbunden ist, hat er auch keinen Zugriff auf dessen Stromversorgung. Diese Möglichkeit stellt die am wenigsten verbreitete dar.

Zukünftige Option

In der Zukunft könnten sich noch weitere Optionen ergeben. Eine Studie des deutschen Bundesverbands Informationswirtschaft, Telekommunikation und neue Medien (BITKOM) aus dem Jahre 2010 hat ergeben, dass manche der Befragten durchaus dazu bereit wären, ihren eigenen Körper zu vernetzen. 23% der Befragten wären dazu im Allgemeinen bereit.[102] 5% wären bereit, für bequemes Einkaufen einen Chip unter der Haut zu tragen und 4% für schnellere Eingangskontrollen.[103]

---

99 Vgl. GSMA (2012,2).
100 Vgl. GSMA (2012,1), S. 1.
101 Vgl. Clark, S. (2012,1), S.76
102 Frage: „Würden Sie für bestimmte Vorteile einen Computerchip im Körper tragen?".
103 Vgl. BITKOM (2010), S. 10.

Das Secure Element

In einem NFC-fähigen Mobiltelefon ist der zweite elementare Bestandteil neben dem NFC-Chip das Secure Element (SE). Gemäß einer Definition der GSMA aus dem Jahr 2012 handelt es sich dabei um „a physical component that stores cryptographic keys needed to authenticate and authorize any NFC transaction"[104]. Auf ihm werden neben Übertragungsschlüsseln bspw. auch Kreditkarteninformationen abgespeichert, auf die der NFC-Chip zugreift.[105] Er tritt dabei ausschließlich als Host auf und beantwortet eingehende Anfragen. Ein Chip kann Daten und Programme verschiedener Anbieter speichern. Er ist dazu in verschiedene Abschnitte, sog. "Supplementary Security Domains"[106] unterteilt. Diese sind abgeschirmt um nicht autorisierten Zugriff zu unterbinden.[107] Entsprechend der Platzierung des NFC-Tags ist auch das SE untergebracht.

Das NFC Ökosystem

Der Terminus technicus Ökosystem stammt ursprünglich aus der Biologie. Er ist definiert als „Beziehungsgefüge der Lebewesen untereinander (Biozönose) und mit ihrem Lebensraum (Biotop)"[108] Im Kontext von IKT wird der Begriff im übertragenen Sinne verwendet und beschreibt das Zusammenspiel von Hard- und Softwarearchitekturen.

Das NFC Ökosystem umfasst alle Komponenten, die den Datenfluss vom Nutzer über den Mobilfunkprovider zum Plattform Manager (PM), oder auch Trusted Service Manager (TSM) genannt, und letzten Endes zum Service Provider (SP) gewährleisten. Abbildung 2 zeigt den Informationsfluss im NFC Ökosystem.

Abbildung 2: Informationsfluss im NFC Ökosystem[109]

Um den Datenfluss in einem NFC Ökosystem aufzuzeigen, soll an dieser Stelle ein konkretes Einsatzszenario durchgespielt werden. Dabei wird der Bezahlvorgang an einer NFC-fähigen Kasse gewählt.

---

104 BITKOM (2010), S. 1.
105 Bauersachs, I., Gruntz, D. (2010), S. 38.
106 Clark, S. (2012,1), S 21.
107 Vgl. Clark, S. (2012,1), S 21.
108 Schäfer, M. (2002), S. 231.
109 Eigene Darstellung i.A.a. Kantner, C. et al. (2009), S. 88.

Mobile Network Operator

Der Mobile Network Operator (MNO) ist der Mobilfunkprovider. Im NFC Ökosystem nimmt er die Rolle des Carriers[110] ein und stellt die Datenverbindung zwischen dem Mobilfunkgerät und einem externen Netz her.[111] Nachdem der Kunde die NFC Kontaktfläche an der Kasse berührt hat, werden die Daten vom Smartphone über den Mobilfunkprovider an den Platform Manager weitergeleitet.

Platform Manager / Trusted Service Manager

Platform Manager (PM) oder auch Trusted Service Manager (TSM) sind „independent third party suppliers with a background in managing highly secure data and in creating systems that ensure data is kept secure in transit between one secure system and another."[112] Sie sind somit darauf spezialisiert, im Auftrag der Service Provider, die Secure Elements der NFC Handsets der Kunden zu verwalten und so einen reibungslosen Betrieb zu garantieren. Dazu verfügen sie über Kenntnisse und Fertigkeiten im Bereich Over-the-Air (OTA) Management und Key Management. Zu ihren Aufgaben zählen außerdem die Personalisierung von Applikationen oder auch das Sperren und Löschen von Daten im Falle eines Diebstahls oder Verlusts des Smartphones.[113]

Im konkreten Beispiel würde der Platform Manager auf die Kreditkartendaten auf dem Secure Element des Kunden zugreifen. Die Daten werden geprüft und so die Legitimation sichergestellt. Unter Umständen ist eine zusätzliche PIN-Eingabe wie beim System „Mastercard Paypass" bei Beträgen über EUR 25,- nötig.[114]

Service Provider

Als Service Provider (SP) werden Unternehmen bezeichnet, die NFC Dienste anbieten. Das können Handelsunternehmen sein, die Loyalty Dienste über NFC abwickeln, Betreiber des öffentlichen Personennahverkehrs (ÖPNV), die NFC-Tickets anbieten oder – wie im konkreten Beispiel – Kreditkartenunternehmen, die den Bezahlvorgang über NFC abwickeln.

Over the Air Management und Key Management

Das Over-the-Air (OTA) Management umfasst das Überschreiben und Löschen von Daten auf dem Secure Element über ein GSM[115]-, UMTS[116]-, bzw. zukünftig auch über ein LTE[117]-Netz.[118] Das Management der Kryptoschlüssel, also von pa-

---

110 Ein Carrier ist eine Gesellschaft zum Betrieb von Kommunikationsnetzen.
111 Vgl. Madlmayr (2009), S. 105.
112 Clark, S. (2012,1), S. 26.
113 Vgl. NFC Forum (2008), S. 8.
114 Vgl. Gliederungspunkt „Payment".
115 Mobilfunkstandard der zweiten Generation (2G).
116 Mobilfunkstandard der dritten Generation (3G).
117 Mobilfunkstandard der vierten Generation (4G).
118 Bauersachs, I., Gruntz, D. (2010), S. 41f.

rametrisierten, symmetrischen und asymmetrischen kryptographischen Algorithmen[119], bspw. bei Kreditkartenzahlungen, zwischen den Service Providern (SP) und den Trusted Service Managern (TSM), wird als Key Management bezeichnet.

---

119 Vgl. Madlmayr (2009), S. 47f.

Standardisierung

Standardisierung spielt in der Wirtschaft seit jeher eine wichtige Rolle. Daher bedarf dieser Aspekt auch im Zusammenhang mit Near Field Communication besonderer Aufmerksamkeit. Im Folgenden wird in einem ersten Schritt die ökonomische Rolle von Standards aufgezeigt. Anschließend wird das NFC-Forum, eine Standardisierungsinitiative beschrieben. Zum Schluss werden sowohl technische, als auch sicherheitsspezifische Standards im Zusammenhang mit NFC erläutert.

Die ökonomische Rolle von Standards

Standards bieten „eine einheitliche Regelung für ein abgegrenztes, technisches Aufgabengebiet"[120] mit dem Ziel „Transaktionen auf unterschiedlichen Ebenen zu vereinfachen."[121] Die ISO[122] definiert einen Standard als: „document that is produced by consensus and adopted by a recognized organization, and which, for general and recurring applications, defines rules, guidelines or features for activities or their results, with the objective of achieving an optimum degree of regulation in a given context."[123]

Wann die Idee von Standardisierungsprozessen erstmals in der Geschichte der Menschheit auftrat, lässt sich nicht eindeutig belegen. Eine der ersten Überlieferungen stammt aus Ägypten zur Almarna-Zeit[124]. Damals wurde erkannt, dass es aus praktischen Gründen sinnvoll wäre, die Größe von Steinblöcken, die für verschiedene Baumaßnahmen verwendet wurden, zu standardisieren. So entstand der "Talatat"[125], ein ca. 54 x 27 x 27 cm großer Felsblock. Durch die relativ geringe Größe konnte der Auf-, aber auch der Abbau von Gebäuden beschleunigt werden. Zudem konnte der „Talatat" als Füllmaterial verwendet werden.[126] Einer der bedeutendsten Anwendungsbereiche, der auch bis in die heutige Zeit besteht, ist die Eisenbahn. Die als „Normalspur" bekannte Spurweite von 1.435 mm bei Eisenbahnschienen gilt als einer der ersten Standards mit ökonomischer Tragweite.[127] Die Normalspur kam erstmals bei dem im Jahr 1825 eröffneten „Stockton and Darlington Railway" in England zum Einsatz. Die Erkenntnis der enormen Bedeutung von Standardisierungsprozessen geht auf die industrielle Revolution zurück. Damals wurde erstmals erkannt, dass Vereinheitlichungen in vielen Bereichen obligatorisch waren, um Skaleneffekte während der Massenproduktion ausnutzen zu können. Die heutige Omnipräsenz erlangten Standards durch die Verbreitung von elektroni-

---

120 Peters, R. (2010), S. 52.
121 Friese, J. (2002), S. 28.
122 Vgl. Gliederungspunkt „International Organization for Standardization".
123 Effing, W., Rankl, W. (2003), S. 9f.
124 14. bis 13. Jahrhundert vor Christus.
125 Auch als „Telatat" bekannt. Kommt vom arabischen Wort „talatât" und bedeutet „Dreier".
126 Vgl. Arnold, D. (1994), S. 259.
127 Vgl. Puffert, D. (2000), S. 933.

schen Geräten, insbesondere von Computern.[128] Das Internet selbst, aber auch Anwendungen wie bspw. Emails, basieren größtenteils auf standardisierten Techniken und Protokollen, um „die Kompatibilität der Produkte unterschiedlicher Anbieter zu gewährleisten"[129]. Kompatibilität bildet wiederum die Grundlage für die Nutzung von Synergieeffekten.[130]

Es werden offene und geschlossene Standards unterschieden. Ein offener Standard kann frei von jedem Interessenten verwendet werden. Die Spezifikationen werden publiziert und sind so allen Interessierten zugänglich. Außerdem kann sich jeder an der Entwicklung und Weiterentwicklung beteiligen.[131] Viele Standards des Internets wie die Verschlüsselung Secure Sockets Layer (SSL) oder die Netzwerkprotokollfamilie Transmission Control Protocol/ Internet Protocol (TCP/IP) sind offen.

Geschlossene oder auch proprietäre Standards hingegen sind firmen- oder interessensgruppenspezifisch. Sie sind meist durch Patente geschützt. Interessenten müssen sich generelle oder temporäre Nutzungsrechte vom Inhaber der Rechte an diesem Standard erkaufen. Aus ökonomischen Gesichtspunkten sind vor allem offene Standards sehr wertvoll. So führt eine Vereinheitlichung von Schnittstellen zu einer geringeren Marktsegmentierung und mehr Anbietern. Größere Märkte wiederum führen zu mehr Wettbewerb und somit zu geringeren Preisen für den Verbraucher. Weitere Vorteile von offenen Standards sind ein generelles größeres Potential für Forschung und Entwicklung und geringere Transaktionskosten.[132] Im Folgenden werden verschiedene Teilaspekte von Standardisierung betrachtet: Pfadabhängigkeit, Diffusion und das Bass Modell, Netzwerkeffekte, das Kritische-Masse-Diffusionsmodell und ein Erklärungsansatz aus der Spieltheorie.

Pfadabhängigkeit

Liebowitz und Margolis (1995) beschreiben Pfadabhängigkeit in ihrem Paper „Path Dependence, Lock-In and History" als „revolutionäre Neufassung des neoklassischen Paradigmas"[133]. Der Begriff stammt ursprünglich aus der mathematischen Chaostheorie und steht für den Effekt, dass Ereignisse aus der Vergangenheit einen Einfluss auf gegenwärtige Entwicklungen haben. Im Kontext von Standardisierung beschreibt Pfadabhängigkeit die Tatsache, dass ein zu einem früheren Zeitpunkt festgelegter Standard sich in der Gegenwart – aus verschiedenen Gründen – als ineffizient oder gar irrational herausstellen kann. Es entsteht ein temporärer „Lock-In"[134], der nur durch einen Pfadwechsel aufzulösen ist. Ein nachträglicher Pfadwechsel, das heißt die Festlegung auf einen neuen Standard, ist i.d.R. mit erhebli-

---

128 Vgl. Clement, R., Schreiber, D. (2010), S. 209.
129 Peters, R. (2010), S. 52.
130 Vgl. König, W., Weitzel, T. (2003), S. 10.
131 Vgl. Friese, J. (2002), S. 31.
132 Vgl. GSMA (2012,1), S. 3f.
133 Liebowitz, S., Margolis, S. (1995), S. 205.
134 Ein stagnierender Entwicklungspfad.

chen Kosten verbunden. Pfadabhängigkeit ist somit ein Problem, das schon bei der Festlegung von Standards sorgsam behandelt werden muss, da Entscheidungen für neue Technologien immer unter Unsicherheit stattfinden. Die ex-post Festlegung, ob eine Entscheidung rational war, hängt dabei vom Erwartungswert des Entscheidungsträgers ab.[135]

Diffusion und das Bass Modell

Standards werden, wie auch bei Near Field Communication, oftmals für technische Neuerungen und Innovationen entwickelt. Innovation ist die „Bezeichnung [...] für die mit technischem, sozialem und wirtschaftlichem Wandel einhergehenden (komplexen) Neuerungen"[136]. Die Diffusion von Innovationen wurde erstmals von Everett M. Rogers und Frank M. Bass beschrieben.

Das Phänomen der Diffusion von Innovationen wurde 1964 von Everett M. Rogers in seinem Standardwerk „Diffusion of Innovations"[137] erklärt. Er beschreibt Diffusion als „the process by which an innovation is communicated through certain channels over time among the members of a social system"[138] Die vier Kernelemente sind dabei Innovation, Kommunikationskanäle, Zeit und das soziale System.[139] Diese Aussage ist die Grundlage für das von ihm entwickelte Diffusionsmodell. Der S-förmige Diffusionskurvenverlauf per se geht allerdings noch weiter zurück. Er wurde erstmals im Jahr 1903 vom französischen Soziologen Gabriel Tarde in seiner Arbeit „The laws of imitation"[140] beschrieben.

Die erste Gruppe, die sog. Innovatoren (innovators), ist die kleinste Gruppe der Anwender. Ihre Mitglieder werden als verwegen und kühn beschrieben und handeln unter Unsicherheit. Sie haben die Fähigkeit komplexe technische Systeme zu verstehen und können diese auch bedienen.

Die zweite Gruppe sind die frühzeitigen Adoptoren (early adopters). Ihre Mitglieder haben den höchsten Grad an Meinungsführerschaft. Ihr Verhalten wird von anderen imitiert. Sie werden als integrierte Teile des sozialen Systems angesehen.

Die dritte und vierte Gruppe sind in frühe und späte Mehrheit (early majority/ late majority) unterteilt. Sie befinden sich vor, bzw. hinter dem Maximum des Graphen. Die frühe Mehrheit repräsentiert nachdenkliche und vorsichtige Menschen, die Veränderungen jedoch schneller als der Durchschnitt akzeptieren. Die späte Mehrheit repräsentiert Skeptiker, die lieber abwarten, bis die Mehrheit der anderen Personen ein Produkt ausprobiert hat.

Die fünfte Gruppe sind die Nachzügler (laggards). Ihre Mitglieder stellen das Gegenteil der Innovatoren dar. Sie besitzen keine Meinungsführerschaft, sind oft-

---

135 Vgl. Deichsel, S. (2007), S. 104f.
136 Gabler Wirtschaftslexikon (2012,1).
137 Mittlerweile in der 5. Auflage erhältlich: Rogers, E. (2003).
138 Rogers, E. (2003), S. 5.
139 Vgl. Rogers, E. (2003), S. 10.
140 Tarde, G. (1903).

mals isoliert und misstrauisch gegenüber Veränderungen. Sie passen sich nur langsam an und sind teilweise altmodisch.[141]

Frank M. Bass veröffentlichte im Jahr 1969 das Paper „A New Product Growth for Model Consumer Durables"[142], das nach seiner eigenen Aussage eigentlich „A New Product Growth Model for Consumer Durables" heißen müsste.[143] Darin entwickelte er ein Modell, das weitläufig auch einfach als das „Bass Modell" bekannt ist. Er bezog sich dabei auf die von Everett M. Rogers eingeteilten Gruppen. Er behält die Einteilung der ersten Gruppe, der Innovatoren bei, fasst allerdings die Gruppen zwei bis fünf zusammen und benennt sie Imitatoren (imitators). Das Paper von Bass gilt als eines der am häufigsten zitierten Werke im Bereich des Marketings.

Nach der Aussage von Bass unterscheiden Zeitpunkt und gesellschaftlicher Druck zur Anpassung zwischen Innovatoren und Imitatoren. Innovatoren sind diejenigen, die früh in den Diffusionsprozess einsteigen. Sie werden von Werbung in Massenmedien angezogen. Je mehr Käufe getätigt werden, desto größer wird der Druck auf die Imitatoren auch zu kaufen, da sie sich stark von anderen Individuen der Gesellschaft beeinflussen lassen. Ein wichtiges Kommunikationsmedium ist hierbei die Mundpropaganda.[144]

Frank M. Bass beschreibt sein Modell folgendermaßen: „The probability that an initial purchase will be made at T given that no purchase has yet been made is a linear function of the number of previous buyers."[145]

Formal bedeutet das:[146]

$$[f(T)]/[1-F(T)] = P(T) = p + q/m \, Y(T) = p + q \, F(T)$$

mit:
- $F(T) = \int_{ß}^{T} F(t)dt$
- $f(T)$: Anteil von M, der zum Zeitpunkt t adoptiert.
- p: Innovationskoeffizient.
- q: Imitationskoeffizient.
- m: Marktpotential.
- $Y(T)$: Anzahl der bisherigen Käufer zum Zeitpunkt T.
- $P(T)$: Wahrscheinlichkeit, dass ein Kauf zum Zeitpunkt T getätigt wird.

Dieses Modell stellt die Grundlage für das Kritische-Masse-Diffusionsmodell – das im folgenden Abschnitt vorgestellt wird – dar.

---

141 Vgl. Rogers, E. (2003), S. 22.
142 Bass, F. (1969).
143 Bass, F. (2004).
144 Vgl. Bass, F. (1969), S. 216.
145 Bass, F. (1969), S. 216.
146 Vgl. Bass, F. (1969), S. 217.

Netzwerkeffekte und das Kritische-Masse-Diffusionsmodell

Als Netzeffekte, oder auch Netzwerkeffekte[147], werden „die quantitativen Auswirkungen der Anzahl der Marktteilnehmer auf die Gesamtattraktivität des Marktplatzsystems"[148] bezeichnet. Im Bezug auf Standardisierungsprozesse ist der Anstieg des Nutzens, den bestimmte Güter mit zunehmender Verbreitung verursachen, ein positiver Netzwerkeffekt. „Für die Etablierung eines Standards sind solche Netzwerkeffekte zentral, da sie den Einigungsprozess beschleunigen."[149] Netzwerkeffekte können somit als Katalysator für die Einführung von Standards bezeichnet werden.

Das „Metcalfe'sche Gesetz"[150] macht dieses Phänomen quantitativ erfassbar. Es besagt, dass der Wert eines Netzwerks annähernd mit dem halben Quadrat der Anzahl der Teilnehmer N wächst.[151] Es lässt sich durch die Formel berechnen:

Wert des Netzwerks = $N(N-1)/2$

So lange allerdings die Nutzerzahl unter einer bestimmten Schwelle liegt, greifen die Netzeffekte gar nicht erst. Es droht ein Scheitern der Technik. Dieser Grenzwert wird auch als kritische Masse bezeichnet. Wird das klassische diffusionstheoretische Modell nach Frank M. Bass um Netzeffekte erweitert, ergibt sich das Kritische-Masse-Diffusionsmodell, mit dem sich dieses Phänomen beschreiben lässt.

Spieltheoretischer Erklärungsansatz

Die Situation, in der sich mehrere Unternehmen befinden, die versuchen, eine neue Technik zu etablieren, kann auch mit dem Gefangenendilemma, einem Element der Spieltheorie, erklärt werden. Die Spieltheorie wurde 1947 von John von Neumann und Oskar Morgenstern in ihrem Paper „Theory of Games and Economic Behavior"[152] erstmals in einem ökonomischen Kontext erwähnt. Die Theorie besagt grundsätzlich, dass jeder Spieler, bzw. Marktteilnehmer, das Interesse verfolgt, den größten Vorteil bzw. Nutzen für sich zu verbuchen. Diese Prämissen des Modells sind, dass ein Spieler, der rational handelt, bestrebt ist, seinen eigenen Nutzen zu maximieren und nicht über die Absichten der anderen Teilnehmer Bescheid weiß.[153] Die Prämissen gelten in der Praxis allerdings nur bedingt. So kann es durchaus sein, dass ein Spieler aus verschiedenen Gründen nur eingeschränkt rational handelt oder durchaus über die Absichten der anderen Teilnehmer Bescheid weiß.

---

147 Die beiden Begriffe werden äquivalent verwendet.
148 Kollmann, T. (2011), S. 462.
149 Deichsel, S. (2007), S. 106.
150 Benannt nach Robert Metcalfe, dem Erfinder des Ethernets.
151 Goldbeck, J., Hendler, J. (2008), S. 14.
152 Von Neumann, J., Morgenstern, O. (1947).
153 Vgl. Sainsbury, R. (2001), S. 102ff.

Das individuell rationale Verhalten eines Unternehmens wäre in diesem Modell das Durchsetzen des eigenen Standards und somit das Ablehnen einer Zusammenarbeit (Defektion). Dem anderen Unternehmen, das den Kampf um den Standard verliert und sich in Folge dessen auf die Technologie der Konkurrenz einlässt, kann dadurch ein hoher finanzieller Aufwand entstehen. Lehnen beide Unternehmen eine Zusammenarbeit ab, führt das zur Einführung von zwei parallel bestehenden Standards. Der gesamtwirtschaftliche Nutzen wäre suboptimal, da es wegen der Inkompatibilität zwangsläufig zu einer Marktsegmentierung kommen würde.

Die Einigung auf einen gemeinsamen Standard, also eine Kooperation – bestenfalls bereits im Entwicklungsstadium einer neuen Technologie – wäre somit für alle Beteiligten aus gesamtwirtschaftlicher Sicht am besten.[154] Der Einfachheit halber an Hand eines Zwei-Personen-Spiels dargestellt, würde sich die in Tabelle 2 dargestellte Nutzenmatrix ergeben. Es gilt $u_1 < u_2 < u_3 < u_4$.

Tabelle 2: Nutzenmatrix bei der Einführung von Standards[155]

	Unternehmen 2 strebt Kooperation an	Unternehmen 2 strebt Defektion an
Unternehmen 1 strebt Kooperation an	u_3/u_3	u_1/u_4
Unternehmen 1 strebt Defektion an	u_4/u_1	u_2/u_2

Bei u_3/u_3 stellt sich ein Nash-Gleichgewicht ein, das gegenüber dem Dominanz-Gleichgewicht bei u_2/u_2 eine Pareto-Verbesserung darstellt, die bei individuell rationalem Verhalten nicht erreichbar ist.[156] Aus diesem Dilemma heraus ist die Notwendigkeit ersichtlich, Standardisierungsinitiativen zu schaffen, um so den maximalen ökonomischen Nutzen für alle Beteiligten zu gewährleisten.

Organisationen für Standardisierung im Zusammenhang mit NFC

Im folgenden Abschnitt werden die Standardisierungsorganisationen im Zusammenhang mit NFC betrachtet. Den an der Entstehung von Standards beteiligten Organisationen und Gremien kommt „große Bedeutung in der Organisation des Marktwettbewerbs"[157] zu. Standards im Bereich NFC werden durch die „European Computer Manufacturers Association" (ECMA) entwickelt. Zwei weitere Organisationen sind ebenfalls relevant: die „International Organization for Standardization" (ISO) und die „International Electrotechnical Commission" (IEC). Außerdem

---

154 Deichsel, S. (2007), S. 107.
155 Eigene Darstellung, i.A.a. Deichsel, S. (2007), S. 107.
156 Vgl. Deichsel, S. (2007), S. 107.
157 Peters, R. (2010), S. 52.

wird in diesem Abschnitt das NFC Forum, eine seitens der Industrie begründete Standardisierungsinitiative, beschrieben.

ECMA International

ECMA International wurde 1961 unter dem Namen „European Computer Manufacturers Association" (ECMA) gegründet. Um die globale Komponente zu betonen, wurde die Initiative 1994 in ECMA International umbenannt. ECMA International ist eine private Organisation zur Normung von Informations- und Kommunikationssystemen und Unterhaltungselektronik. Sitz der Initiative ist die Stadt Genf in der Schweiz.[158] Standardisierungsprozesse bei ECMA International zeichnen sich dadurch aus, dass sie in einer relativ kurzen Zeitspanne abgewickelt werden. Das ist speziell bei schnelllebigen Technologien wie NFC ein Vorteil. Zudem bietet ECMA International ein sog. „Fast-Track-Verfahren" an, mittels dessen ECMA Standards zeitnah in ISO Standards überführt werden können.[159]

International Organization for Standardization

Die „International Organization for Standardization" (ISO) ist ein 1947 gegründeter multinationaler Zusammenschluss von über 164 nationalen Standardisierungsorganisationen. Die getroffenen Vereinbarungen werden als ISO Standards bezeichnet.[160]

International Electrotechnical Commission

Die „International Electrotechnical Commission" (IEC) ist eine 1906 gegründete Kommission für Standards und Normen aus dem Bereich der Elektrotechnik und der Elektronik.[161] ISO und IEC betreiben ein gemeinsames technisches Komitee, das für alle ISO/IEC Standards verantwortlich ist.[162]

Das NFC Forum – eine Standardisierungsinitiative

Das NFC Forum wurde im April 2004 von den Firmen NXP Semiconductors, Sony und dem Mobiltelefonhersteller Nokia als gemeinnützige Organisation gegründet.[163] Bis zu diesem Zeitpunkt hatte NXP auf dem Markt für kontaktlose Smartcards mit dem System Mifare[164] (Mikron Fare Collection System) 80% Marktanteil. Das System wurde bspw. im ÖPNV von London eingesetzt. Sony war mit dem System Felica[165] (Felicity Card) ebenfalls auf diesem Markt vertreten. Auf Felica basierte u.a. die Suica Card, die im ÖPNV von Tokyo eingesetzt wurde. Das NFC

---

158 Vgl. ECMA International (2012).
159 Vgl. Langer, J., Roland, M. (2010), S. 87f.
160 Vgl. ISO (2012).
161 Vgl. IEC (2012).
162 Vgl. Effing, W., Rankl, W. (2003), S. 10f.
163 Vgl. Grassie, K. (2007), S. 13.
164 Basierend auf ISO 14443-A.
165 Basierend auf ISO 14443-B.

Forum war somit ein Ansatz, das unternehmensspezifische Know-How zu bündeln und eine gemeinsame Technik zu kreieren.[166] Gemäß dem spieltheoretischen Erklärungsansatz sollte ein maximaler ökonomischer Nutzen geschaffen werden.[167]

Mittlerweile gehören dem Forum über 160 Mitglieder aus verschiedenen Branchen an.[168] Dazu zählen Chiphersteller, Mobiltelefonhersteller, SIM-Karten-Hersteller, Banken, Kreditkartenunternehmen, Mobilfunkbetreiber, Forschungsinstitute und Unternehmen aus dem öffentlichen Personennahverkehr und dem Handel.[169] Nach eigener Aussage bietet das Forum „a highly stable framework for extensive application development, seamless interoperable solutions, and security for NFC-enabled transactions."[170]

Die Struktur des NFC-Forums ist in verschiedene Komitees unterteilt. Diese treffen sich in regelmäßigen Abständen und erarbeiten Lösungsansätze um die Ziele der Initiative voran zu treiben. Die vier Hauptziele sind:

- Entwicklung von Standards für NFC
- Förderung der Entwicklung NFC-fähiger Produkte
- Förderung der Zusammenarbeit von Unternehmen, die mit NFC arbeiten
- Information von Konsumenten und Unternehmen über NFC

Neben diversen technischen Standards, die in Abschnitt 3.3 dieser Arbeit näher betrachtet werden, hat das NFC Forum im Rahmen der Corporate Identity das „N-Mark" Logo entwickelt.

Das „N-Mark" ist ein Logo, das den Nutzer auf das Vorhandensein einer NFC Funktion hinweisen soll. Das kann bspw. eine NFC-fähige Kasse im Handel oder ein NFC-fähiges Werbeplakat am Point-of-Sale (POS)[171] sein. Das N-Mark findet mittlerweile weitläufige Akzeptanz, so dass es schon Markenzeichen für die gesamte NFC-Technik angesehen wird.[172] Seit dem ersten Quartal 2011 reiht sich auch Google als „principal member" in die Liste der wichtigsten Mitglieder des NFC-Forums ein. Diese Tatsache lässt auf die zukünftigen Ambitionen von Google in diesem Bereich schließen.[173]

Wichtige Standards im Zusammenhang mit NFC

Um die Interoperabilität der Technik zu gewährleisten, wurden im Zusammenhang mit NFC eine Reihe verschiedener Standards erlassen. In der Folge werden die wichtigsten drei beschrieben.

---

166 Vgl. Want, R. (2011), S. 5.
167 Vgl. Madlmayr G. et al. (2008), S. 11f.
168 Vgl. NFC Forum (2012,2).
169 Vgl. Langer, J., Roland, M. (2010), S. 7.
170 NFC Forum (2012,2).
171 Vgl. NFC Forum (2011), S. 5.
172 Vgl. NFC Forum (o.J.), S 4.
173 Vgl. EE|Times (2011).

ISO/IEC 18092 (NFCIP-1)

Der Standard ISO/IEC 18092 wurde von ECMA International entwickelt und dann von ISO und IEC adaptiert. Der ISO/IEC 18092 Standard ist somit identisch mit dem von ECMA International veröffentlichten Standard ECMA 340. Der Standard ist auch unter dem Namen „NFC Interface and Protocol - 1" (NFCIP-1) bekannt. Er definiert u.a. die elektromagnetischen Eigenschaften und die Spezifikationen der verschiedenen Modi von NFC im aktiven und passiven Modus.[174]

ISO/IEC 21481 (NFCIP-2)

Der Standard ISO/IEC 21481 ist wiederum identisch mit ECMA 352 und auch unter dem Namen NFCIP-2 bekannt. Er definiert u.a. die verschiedenen Modi von NFC, den Read/Write Modus, den Tag Emulations Modus und den Peer-to-Peer[175]

ISO/IEC 14443

Der Übertragungsstandard ISO/IEC 14443 ist eine Erweiterung des Proximity-Card-Standards. Er regelt die Kommunikation zwischen NFC-fähigen Mobiltelefonen auf der einen und weiteren Geräten, die diesen Standard unterstützen, auf der anderen Seite. Das können NFC-Tags am POS, Smartcards oder auch andere NFC-fähige Mobiltelefone sein. Dabei werden die vier Unterpunkte ISO/IEC 14443-1: physikalische Eigenschaften, ISO/IEC 14443-2: Modulation und Kodierung, ISO/IEC 14443-3: Initialisierung und ISO/IEC 14443-4: Übertragungsprotokoll unterschieden.[176]

---

174 Vgl. ECMA 340 (2008).
175 Vgl. ECMA 352 (2012).
176 Vgl. Cuozzo, F. et al. (2009), S. 716.

Kryptologie

Neben dem Aspekt der Standardisierung spielt auch Kryptologie eine entscheidende Rolle in verschiedenen Disziplinen der Wirtschaft. Im Bereich der Informations- und Kommunikationstechnologien, zu denen auch die Near Field Communication gehört, ist sie sogar ein Schlüsselfaktor. Im folgenden Abschnitt werden zuerst essentielle Begriffe definiert und abgegrenzt. Dann wird die Bedeutung von Kryptologie erörtert. Anschließend werden Ausprägungen der modernen Kryptologie aufgezeigt und Verschlüsselungstechniken im Zusammenhang mit NFC erklärt.

Begriffsdefinition und -abgrenzung

Die zwei Silben des Wortes Kryptologie kommen vom den griechischen Wörtern „kryptós", das versteckt, verborgen, oder geheim heißt und von „lógos" für Lehre. Die Kryptologie ist die Wissenschaft, die sich mit den technischen Verfahren der Verschlüsselung beschäftigt und sie umfasst die beiden Teilbereiche Kryptographie und Kryptoanalyse.[177] Das griechische Wort „gráphein" bedeutet Verschlüsseln. Die Kryptographie ist somit die Wissenschaft der Verschlüsselung von Informationen. Die Kryptoanalyse ist die dazu konträre Wissenschaft. Sie behandelt die Entschlüsselung von Informationen. Im allgemeinen Sprachgebrauch wird der Ausdruck Kryptographie allerdings häufig auch synonym für Kryptologie gebraucht.

Klartext bezeichnet den ursprünglichen, unverschlüsselten Text oder Inhalt einer Nachricht. Nach Anwendung einer Verschlüsselung entsteht daraus Chiffretext. Der Chiffretext, oder auch Geheimtext, ist der verschlüsselte Inhalt einer Nachricht.

Bedeutung von Kryptologie

Wie zu Beginn dieses Abschnitts bereits angedeutet, nimmt Kryptologie in der Ökonomie eine entscheidende Rolle ein. Diese Tatsache wird in der Folge dargestellt, außerdem werden das Kerckhoffs Prinzip beschrieben und die politische Bedeutung von Kryptologie aufgezeigt.

Historische Bedeutung von Kryptologie

Ähnlich wie beim Aspekt Standardisierung auch, lässt sich bei der Anwendung von Kryptologie nur schwer ausmachen, wann die Technik erstmals angewandt wurde. Es steht allerdings fest, dass sie vor allem im militärischen und diplomatischen Bereich eine entscheidende Rolle gespielt hat.[178] Als einer der ersten, der sie sich zu Nutze gemacht hat, gilt der römische Kaiser Julius Cäsar. Er entwarf eine simple Verschiebungschiffre, um Nachrichten zu verschlüsseln. Diese einfache, aber durchaus wirkungsvolle Methode trat im Laufe der Geschichte immer wieder auf und wird auch heute noch als Cäsar-Chiffre bezeichnet. Sie zählt zu den Transpositionschiffren.[179]

---

177 Vgl. Maurerer, U. (1995), S. 91.
178 Vgl. Berendt, G. (1994), S. 135.
179 Vgl. Berendt, G. (1994), S. 137.

Einen Höhepunkt erlebte die Kryptologie während des zweiten Weltkriegs. Die Deutschen entwarfen eine Verschlüsselungsmethode von nie dagewesener Stärke, die Enigma. Die Alliierten waren sich der Bedeutung, eine Möglichkeit zur Kryptoanalyse zu finden, bewusst und gründeten verschiedene Einrichtungen, an denen Physiker, Mathematiker und andere Wissenschaftler zusammen Lösungen erarbeiteten. So entstand bspw. auch die Einrichtung „Bletchley Park" im Nordwesten von London. Die Dechiffrierung gilt als Schlüsselereignis, das den Ausgang des Krieges entscheidend beeinflusste. Ab dem Jahr 1940 hatten die Engländer mit der „Turing-Bombe" eine Möglichkeit, selbst durch die Enigmas der Marine[180] verschlüsselte Nachrichten zu dechiffrieren.[181] Gemäß Sir Francis Harry Hinsley, einem englischen Kryptographen, der selbst an der Entschlüsselung der Enigma beteiligt war, hätte der Krieg ohne die Entschlüsselung der Enigma bis zu drei Jahre länger gedauert.[182]

Das Kerckhoffs Prinzip

Der niederländische Kryptologie Auguste Kerckhoffs verfasste 1883 nach zwei Jahren Arbeit das Buch „La cryptographie militaire". Die Kryptographie galt damals noch als rein militärische Wissenschaftsdisziplin, somit erklärt sich auch der Name des Buchs. Es gilt als Meilenstein der Kryptographie des 19. Jahrhunderts.[183] Kerckhoffs Anforderungen an ein kryptologisches System lauten:[184]

- Das System muss im Wesentlichen unentzifferbar sein.
- Das System darf keine Geheimhaltung erfordern.
- Das System muss leicht übermittelbar sein und man muss sich die Schlüssel ohne schriftliche Aufzeichnung merken können.
- Das System sollte mit telegraphischer Kommunikation kompatibel sein.
- Das System muss transportabel sein und die Bedienung darf nicht mehr als eine Person erfordern.
- Das System muss einfach anwendbar sein.

Die formulierten Anforderungen haben – zumindest teilweise – auch heute noch ihre Gültigkeit. Obwohl sie ursprünglich für das Militär konzipiert wurden, spielen sie mittlerweile vor allem in der Ökonomie eine wichtige Rolle. Die zweite Anforderung ist auch gemeinhin als „Kerckhoffs Prinzip" bekannt.

---

180 Marine Enigmas hatten den höchsten Verschlüsselungsstandard.
181 Vgl. Copeland, J. (2004), S. 253.
182 Vgl. Singh, S. (2012), S. 230.
183 Vgl. Singh, S. (2012), S. 134f.
184 Vgl. Kerckhoffs, A. (1883), S. 12.

Politische Bedeutung von Kryptologie

Der amerikanische Physiker und Computerwissenschaftler Phil Zimmermann engagierte sich zur Zeit des Kalten Krieges stark als Kritiker der Militärpolitik und setzte sich für nukleare Abrüstung ein. Nach der Machtübernahme durch Michail Gorbatschow im Jahr 1988 und der darauf folgenden Phase der Entspannungspolitik widmete er sich der Kryptologie.[185]

Er meinte dazu: „Die Kryptographie [es darf angenommen werden er meinte Kryptologie; Anm. d. A.] war früher ein obskures Fach, das kaum Bedeutung für das Alltagsleben hatte. Historisch gesehen spielte es jedoch immer eine besondere Rolle im militärischen und diplomatischen Nachrichtenverkehr. Doch im Informationszeitalter geht es in der Kryptographie um politische Macht und besonders um das Machtverhältnis zwischen Regierung und Volk. Es geht um das Recht auf Privatsphäre, um Meinungsfreiheit, Versammlungsfreiheit, Pressefreiheit, Freiheit von willkürlicher Durchsuchung und Festnahme, um die Freiheit, in Ruhe gelassen zu werden."[186] Als Fazit merkte er an: „Es ist an der Zeit, dass die Kryptographie aus dem Schatten der Geheimdienste und des Militärs ins Sonnenlicht tritt und von uns allen genutzt wird."[187]

Zimmermann entwickelte den Verschlüsselungsalgorithmus „Pretty Good Privacy" (PGP) und veröffentlichte diesen schließlich im Jahr 1991 als Freeware. Die Regierung der USA leitete daraufhin eine drei Jahre andauernde Untersuchung gegen ihn ein, da angeblich Zollbestimmungen wegen dem Export kryptographischer Software verletzt wurden. Die Untersuchung wurde im Jahr 1996 eingestellt und auf eine Anklage verzichtet.[188]

Verfahren der modernen Kryptologie

Nach dem zweiten Weltkrieg erlebte die Kryptologie einen Umbruch. Auf der einen Seite wurden militärische Forschungseinrichtungen, wie Bletchley Park in England, geschlossen. Auf der anderen Seite erlebte die akademische Forschung – begünstigt durch den technischen Fortschritt – einen Aufschwung. Es entstanden neue kryptologische Verfahren. Dabei werden symmetrische, asymmetrische und hybride Methoden unterschieden.

Symmetrische Verschlüsselung

Bei der symmetrischen Verschlüsselung sind die beiden Schlüssel identisch. Die Schwachstelle hierbei ist, dass der Schlüssel im Vorfeld auf einem sicheren Weg ausgetauscht werden muss. Es werden grundsätzlich Blockchiffre- und Stromchiffreverfahren unterschieden. Ein Blockchiffreverfahren verschlüsselt den Klartext

---

185 Vgl. Singh, S. (2012), S. 355f.
186 Singh, S. (2012), S. 356.
187 Singh, S. (2012), S. 358.
188 Vgl. Phil Zimmermann (o.J.).

blockweise. Ein Stromchiffreverfahren verschlüsselt jeden Buchstaben, bzw. jede Zahl des Klartextes, einzeln.[189]

Der „Data Encryption Standard" (DES), oder auch „Lucifer" genannt, war der offizielle Verschlüsselungsstandard der USA von seiner Entwicklung im Jahr 1976 bis zum Jahr 2000. Die Version, die für die zivile Nutzung veröffentlicht wurde, heißt „Data Encryption Algorithm" (DEA). Der Algorithmus verschlüsselt den Klartext mittels einer Blockchiffre und einer Schlüssellänge von 56 Bit.[190] Mit dem Aufkommen der „Brute-Force-Methode"[191] in den 1990er Jahren galt der DES nicht mehr als sicher und es wurde nach einer Nachfolgelösung gesucht. Die „Brute-Force-Methode", oder auch Exhaustionsmethode genannt, ist der gewaltsame Angriff auf einen kryptographischen Algorithmus durch das systematische Ausprobieren aller Möglichkeiten. Sie erfordert enorme Rechnerkapazitäten.[192]

Im Jahr 2006 wurde ein spezieller Rechner zum Lösen von Kryptosystemen mittels der „Brute-Force-Methode" von einer gemeinsamen Arbeitsgruppe der deutschen Universitäten in Bochum und Kiel gebaut. Die Anforderung war, dass er über eine extrem hohe Rechenleistung und gleichzeitig geringe Kosten verfügen sollte. Dieser sog. COPACOBANA („Cost-Optimized Parallel Code Breaker") schafft es, eine 56 Bit Verschlüsselung, wie sie auch beim DES vorkommt, in durchschnittlich 6,4 Tagen zu entschlüsseln.[193] Der RIVYERA („Redesign of the Increadibly Versatile Yet Energy-efficient, Reconfigurable Architecture"), das Nachfolgeprojekt von COPACOBANA, schafft die Entschlüsselung einer 56 Bit Verschlüsselung in durchschnittlich zwei Tagen.[194]

Der „Advanced Encryption Standard" (AES), oder auch „Rjindael"[195] genannt, ist der Nachfolgestandard von DES. Er wurde von Joan Daemen und Vincent Rijmen entwickelt. Der Algorithmus ist frei und kostenlos verfügbar. Es gibt keine Unterscheidung mehr in eine staatliche und eine zivile Version wie beim Vorgänger. Ebenso wie der DES nutzt der AES die Blockchiffre. Der Schlüssel ist allerdings deutlich länger und beträgt wahlweise 128, 192 oder 256 Bit.[196]

Es gibt den AES in drei Varianten AES-128, AES-192 und AES-256 und die Bezeichnungen beziehen sich jeweils auf die Schlüssellänge. Der AES wird unter anderem beim „Wi-Fi Protected Access 2" (WPA2), als Teil der Erweiterung des Sicherheitsstandards „IEEE 802.11i" für WLAN-Netzwerke des Typs „IEEE 802.11" eingesetzt. Der Vorgängerstandard „Wired Equivalent Privacy" (WEP) hatte eine Länge von 104 Bit und konnte mittels eines von Tews, E. et al. im Jahr

---

189 Vgl. Bless, R. et al. (2005), S. 33.
190 Vgl. Berendt, G. (1994), S. 147.
191 Im Deutschen: „Methode der rohen Gewalt".
192 Vgl. IT Wissen (2013).
193 Vgl. COPACOBANA (2008).
194 Vgl. Ruhr-Universität Bochum – Fakultät für Elektrotechnik und Informationstechnik (2011).
195 Akronym aus den Namen der Entwickler.
196 Daemen, J., Rijmen, V. (2000), S. 8.

2007 veröffentlichten Verfahrens in 50% der Fälle innerhalb einer Minute geknackt werden.[197] Bisher gibt es offiziell noch keine nennenswerten Angriffsversuche auf den AES.

Asymmetrische Verschlüsselung

Asymmetrische Verschlüsselungsverfahren sind solche, bei denen unterschiedliche Schlüssel zum Chiffrieren und Dechiffrieren verwendet werden. Jeder Teilnehmer besitzt ein Schlüsselpaar, einen öffentlichen Schlüssel zur Verschlüsselung und einen privaten zum Decodieren der Daten. Verfahren der asymmetrischen Verschlüsselung werden daher auch als Public-Key-Infrastrukturen (PKI) bezeichnet. Ein einmal mit einem öffentlichen Schlüssel in Chiffretext umgewandelter Klartext kann nur mit dem privaten Schlüssel des Empfängers wieder dechiffriert werden. Diese Variante ist die aufwändigere, es entfällt allerdings die Problematik des Schlüsselaustausches.[198]

Der Schlüsseltausch war schon immer die Schwachstelle der symmetrischen Verschlüsselung. Daher versuchen Mathematiker seit jeher, eine Möglichkeit zu entwickeln, dieses Problem zu umgehen. Die Erarbeitung von Lösungen dauerte allerdings bis in die 1970er Jahre. Es ist nicht eindeutig zu belegen, welcher Forscher zuerst auf eine Möglichkeit einer praktischen Umsetzung gestoßen ist, da viel Forschung auf diesem Gebiet unter Ausschluss der Öffentlichkeit in militärischen Forschungseinrichtungen geschah. Als eines der ersten veröffentlichten und das wohl am weitesten verbreitete Verfahren gilt das von Ron Rivest, Adi Shamir und Len Adleman am MIT entwickelte. Diese, auch unter dem Name RSA-Verschlüsselung[199] bekannte Methode, wurde im Jahr 1977 öffentlich vorgestellt.

Jeder Teilnehmer des Systems veröffentlicht eine Funktion E, mit der der Inhalt M einer Botschaft verschlüsselt werden kann. Es gibt zu jeder Funktion E eine Umkehrfunktion D. Die zur Verschlüsselung verwendete Funktion E ist eine sogenannte Einwegfunktion. Eine Einwegfunktion zeichnet sich dadurch aus, dass sie in die eine Richtung leicht, in die andere sehr schwer zu berechnen ist. Ein Klartext, der mittels E zu einem Chiffretext verschlüsselt worden ist, kann ausschließlich durch Anwendung von D wieder in Klartext verwandelt werden. Es gilt somit:

$$E(D(M)) = D(E(M)) = M$$

Bei der RSA-Verschlüsselung werden zwei Zahlenpaare gebildet. Der öffentliche Schlüssel (e, n) und der private Schlüssel (d, n). Die Zahlen e und d sind bei beiden Zahlenpaaren unterschiedlich: e ist der Verschlüsselungsexponent und d der Entschlüsselungsexponent.

---

197 Vgl. Tews, E. et al. (2007), S. 14.
198 Vgl. Küsters, R., Wilke, T. (2011), S. 7f.
199 Akronym aus den Nachnamen der drei Mathematiker.

Die Chiffrierungs- und Dechiffrierungsalgorithmen E und D um den Chiffretext C aus dem Klartext M und umgekehrt zu generieren sind:

$$C \equiv E(M) \equiv M^e \ (mod\ n)$$

$$M \equiv D(C) \equiv C^d \ (mod\ n)$$

Die Zahl n ist bei beiden Zahlenpaaren identisch und wird auch RSA-Modul genannt. Sie berechnet sich aus dem Produkt von zwei stochastisch unabhängigen Primzahlen p und q.

Der komplette mathematische Beweis wird an dieser Stelle außen vor gelassen, kann aber jederzeit im 1978 veröffentlichten Paper „A Method for Obtaining Digital Signatures and Public-Key Cryptosystems" von Rivest, Shamir und Adleman nachgelesen werden.[200] Wichtig ist allerdings auf die Charakteristika von n genauer einzugehen. Um die Verschlüsselungsbedingung aufrecht zu halten, ist n so groß zu wählen, dass eine Faktorisierung in p und q und somit eine eventuelle unerlaubte Entschlüsselung der Nachricht unmöglich ist.

Die Autoren haben in ihrem Paper eine Tabelle erstellt, die die Stellen von n, die Anzahl der zur Faktorisierung benötigten Rechenoperationen und die dafür benötigte Zeit wiedergibt. Tabelle 3 zeigt diese Aufschlüsselung.

Tabelle 3: Faktorisierung von n[201]

Stellen	Anzahl der Rechenoperationen	Zeit
50	$1,4 \times 10^{12}$	3,9 Stunden
75	$9,0 \times 10^{12}$	104 Tage
100	$2,3 \times 10^{13}$	74 Jahre
200	$1,2 \times 10^{23}$	$3,8 \times 10^9$ Jahre
300	$1,5 \times 10^{29}$	$4,9 \times 10^{15}$ Jahre
500	$1,3 \times 10^{39}$	$4,2 \times 10^{23}$ Jahre

Gordon Moore stellte seine Prognose zur technischen Entwicklung von Prozessoren schon im Jahr 1965 auf[202], der rasante technische Fortschritt wurde allerdings von Rivest, Shamir und Adleman unterschätzt. Sie prognostizierten, dass ein 200-stelliges n ausreichend für alle zukünftigen Entwicklungen wäre.[203] Diese Einschätzung stellte sich jedoch als falsch heraus. Die Faktorisierung einer 200-stelligen Zahl n wurde von Mitarbeitern der Friedrich-Wilhelms-Universität Bonn Ende 2003 begonnen und im Mai 2005 – bereits nach knapp 1,5 Jahren – abgeschlossen. Rivest und seine Kollegen veranschlagten dafür im Jahr 1978 noch 3,8 x

---

200 Vgl. Rivest, R. et al. (1978).
201 Eigene Darstellung i.A.a. Rivest, R. et al. (1978), S. 128.
202 Vgl. Gliederungspunkt „Das Internet der Dinge".
203 Vgl. Rivest, R. et al. (1978), S. 128.

10^9 Jahre. Das gelang durch "Grid Computing", also die Zusammenschaltung der Rechenleistung von 80 handelsüblichen Rechnern.[204]

Hybride Verschlüsselung

Die asymmetrische Verschlüsselung bietet den Vorteil, dass ein Schlüsselaustausch überflüssig ist. Sie ist allerdings sehr aufwändig, da sie – wie im letzten Abschnitt ersichtlich wurde – enorm große Zahlen voraussetzt. Ein hybrides Verfahren kombiniert die Sicherheit eines asymmetrischen Verfahrens mit der einfachen Anwendbarkeit eines symmetrischen Verfahrens.

Bei der hybriden Verschlüsselung wird mittels eines asymmetrischen Verfahrens lediglich der Schlüssel für das symmetrische Verfahren ausgetauscht. Die eigentliche Nachricht wird dann mittels eines symmetrischen Verfahrens verschlüsselt.[205] Eine hybride Verschlüsselung kommt unter anderem bei dem von Zimmermann entwickelten Verschlüsselungsverfahren „Pretty Good Privacy" (PGP) zum Einsatz.

Kryptologie im NFC-System

Das NFC Ökosystem so konstruiert, dass die Daten ausschließlich verschlüsselt gespeichert und versendet werden. Im „NFC Data Exchange Format" (NDEF) ist die Art der Verschlüsselung festgelegt.[206] Im NFC-Ökosystem sind die Trusted Service Manager für das Schlüsselmanagement verantwortlich. Sie sind externer Vermittler zwischen Mobilfunkprovider und Serviceprovider. Der TSM ist ausschließlich für das Datenmanagement verantwortlich und ist der einzige, der Zugriff auf die sensiblen Daten auf einem Secure Elements hat. Durch diese Maßnahme soll ein möglichst hoher Sicherheitsstandard erreicht werden.

Auch im NFC-System werden Kryptoschlüssel in einem hybriden System verwendet. Dabei handelt es sich um parametrisierte, symmetrische und asymmetrische kryptographische Algorithmen.[207] Symmetrische Schlüssel werden über eine asymmetrische Verbindung ausgetauscht. Das macht das System flexibel und sicher.

Gemäß Kantner, C. et al. (2009) gilt es dabei zu bedenken, dass Sicherheit immer als „work in process"[208] zu sehen ist und dass es so etwas wie perfekten Schutz nicht gibt. Mit der Zeit werden die Methoden und die Technologien zum Schutz der Daten immer ausgefeilter und neue Gegenmaßnahmen für Angriffe werden entwickelt. Allerdings werden auch die Attacken selbst immer ausgefeilter.[209]

---

204 Vgl. RSA Laboratories (2012).
205 Vgl. Kaderali, F. et al. (2000), S. 422.
206 Vgl. Kooman, F., Verdult, R. (2011), S. 78.
207 Vgl. Madlmayr (2009), S. 47f.
208 Kantner, C. et al. (2009), S. 87.
209 Vgl. Kantner, C. et al. (2009), S. 87.

Einsatzbereiche und Geschäftspotentiale von NFC im Handel

Nachdem anfangs fachliche Termini und technische Spezifikationen erläutert wurden und anschließend die Notwendigkeit von Standards aufgezeigt wurde, werden im folgenden Abschnitt potentielle Einsatzbereiche von NFC im Handel betrachtet. Dazu zählen der Handel (Loyalty, Couponing und Payment), ÖPNV, Zutrittskontrollen, Location-Based Services, Gaming, Information Exchange und Device Pairing. Im Fokus dieser Arbeit stehen die Möglichkeiten im Bereich des Handels. In der Folge werden die Bereiche Marketing und Payment betrachtet. Anschließend werden Referenzlösungen und bisherige Erfahrungen aufgezeigt.

Marketing

Für das Marketing bietet sich ein breites Feld an Anwendungsmöglichkeiten durch den Einsatz von NFC. Vor allem im Bereich des mobilen Marketings wird derzeit an der Umsetzung verschiedener Anwendungen gearbeitet. Dazu zählen Loyalty, Coupons, Check-In und Social Media Integrationen.

Loyalty

Loyalty, im deutschen Sprachgebrauch auch Loyalität, oder im ökonomischen Kontext Marken- bzw. Geschäftstreue, bezeichnet die freiwillige Treue eines Kunden zu einem Produkt oder einem Geschäft. Im folgenden Abschnitt werden Faktoren beschrieben, die für einen Kunden ausschlaggebend sind und an denen Loyalty-Strategien ansetzen. Dazu werden zuerst unterschiedliche Formen von Loyalität aufgezeigt und markentreuebeeinflussende Faktoren identifiziert. Anschließend wird die Methode der operanten Konditionierung beschrieben und der Einsatz einer NFC-Loyalty-Option dargestellt.

Formen von Loyalität

Gemäß Fill, C. (2001) ist emotionale Loyalität die einzig wahre Form. Er beschreibt fünf verschiedene Arten und ihre Ausprägungen. Die Dimensionen sind in Tabelle 4 dargestellt.

Tabelle 4: Dimensionen und Ausprägungen von Loyalität[210]

Dimension	Ausprägung
Emotionale Loyalität	Wahre Form von Loyalität, motiviert durch persönliche Identifikation mit realen oder wahrgenommenen Werten und Vorteilen.
Preis Loyalität	Die Hauptmotivation ist rationales wirtschaftliches Verhalten (umsichtiger Umgang mit Geld) oder finanzielle Notwendigkeit.

---

210 Eigene Darstellung i.A.a. Fill, C. (2001), S. 395.

Angespornte Loyalität	Bezieht sich auf Wechselkäufer, die keine Marke favorisieren und durch wiederholte Erfahrungen loyale Käufer einer Marke werden.
Monopoltreue	Entsteht, wenn ein Käufer auf Grund einer Monopolsituation keine Kaufwahl hat; keine echte Loyalität.
Loyalität durch Trägheit	Entsteht, wenn der Käufer keine Neigung verspürt, die Marke zu wechseln.

Markentreuebeeinflussende Faktoren

Um die markentreuebeeinflussenden Faktoren zu identifizieren, wird die quantitative empirische Studie „A Customer Loyalty Model for E-Service Context" aus dem Jahr 2003 herangezogen.[211] Die Ergebnisse der Studie beziehen sich auf den eService-Bereich. Da es bei eService auch „um Verbesserung der Dienstleistungen des Marketings, des Produktes oder der Kundenbeziehung"[212] und somit um eine verwandte Disziplin geht, werden die Ergebnisse an dieser Stelle verwendet.

Zu Beginn der Studie wurden Hypothesen bezüglich des Einflusses von verschiedenen Faktoren auf Loyalität und Kommitment aufgestellt. Anschließend wurden 180 Respondenten befragt und die Ergebnisse wurden einer Regressionsanalyse unterzogen. Kommitment bezeichnet in diesem Zusammenhang „die Stärke, mit der sich ein Individuum an seine einmal gebildete Einstellung gebunden fühlt."[213] Gemäß Kroeber-Riel (2009) werden drei Niveaus des Kommitments unterschieden:[214]

- *Compliance*: Einverständnis mit einer Marke oder einem Produkt. Stellt die niedrigste Stufe des Kommitments dar. Die Einstellung ist eher oberflächlich und wird nach dem Low-Involvement-Einstellungsprinzip gebildet. Wenn Belohnungen aus dem sozialen Umfeld des Konsumenten weg fallen, ist dieser auch dazu bereit, andere Alternativen zu wählen.
- *Identifikation*: Identifikation setzt ein, wenn ein Konsument eine Präferenz für eine bestimmte Marke entwickelt. Stellt die mittlere Stufe des Kommitments dar. Der Konsument möchte damit den Normen seiner Bezugsgruppe gerecht werden.
- *Internalisierung*: Der Konsument hat eine tief sitzende Einstellung verinnerlicht und diese gehört zu seinem Wertesystem. Die Einstellung ist nur schwer zu ändern, da der Konsument davon kognitiv überzeugt ist und eine tiefe emotionale Verankerung statt gefunden hat. Internalisierung stellt die höchste Stufe des Kommitments dar.

---

211 Vgl. Lin, H., Luan, P. (2003).
212 IT Wissen (2012).
213 Kroeber-Riel, W. et al. (2009), S. 227.
214 Vgl. Kroeber-Riel, W. et al. (2009), S. 227.

Die Ergebnisse der Regressionsanalysen zeigen, dass Vertrauen einen signifikanten[215] Einfluss auf Loyalität, allerdings keinen Einfluss auf Kommitment hat. Kundenzufriedenheit und der wahrgenommene Wert haben sowohl auf Loyalität als auch auf Kommitment einen stark signifikanten[216] Einfluss. Zuletzt hat sich noch gezeigt, dass auch das Kommitment einen stark signifikanten Einfluss auf die Loyalität hat.[217] Tabelle 5 zeigt die Faktoren abfallend an Hand ihrer Stärke sortiert.

Tabelle 5: Stärke der Faktoren[218]

Einfluss von	Signifikanzniveau	Wert
Kommitment auf Loyalität	stark signifikant	0,392
Kundenzufriedenheit auf Kommitment	stark signifikant	0,343
Wahrgenommener Wert auf Kommitment	stark signifikant	0,302
Wahrgenommener Wert auf Loyalität	stark signifikant	0,230
Kundenzufriedenheit auf Loyalität	stark signifikant	0,219
Vertrauen auf Loyalität	signifikant	0,163
Vertrauen auf Kommitment	nicht signifikant	0,142

Die Studie hat gezeigt, dass Kommitment einen starken Einfluss auf Loyalität hat. Die beiden Aspekte Kundenzufriedenheit und der wahrgenommene Wert haben sowohl auf die Loyalität, als auch auf das Kommitment starke Einflüsse. Der Faktor Vertrauen hingegen hat deutlich geringere Einflüsse. In Bezug auf das Kommitment ist der Einfluss nicht einmal signifikant. Das oberste Ziel einer Loyalty-Strategie ist Kundenbindung.[219] Loyalty kann generiert werden, indem eine Firma Kunden für ihre Treue belohnt. Daher habe viel Firmen und Geschäfte Treue-Programme. Der Kunde bekommt eine Kundenkarte, die er beim Bezahlen an der Kasse vorzeigt. Daraufhin werden ihm Treuepunkte in Abhängigkeit von der Höhe des Umsatzes gutgeschrieben, die er dann wiederum gegen Prämien oder Gutscheine eintauschen kann. Durch ein erfolgreiches Loyalty System kann das Marketing effektiver gestaltet werden. Außerdem können Mundpropaganda initiiert, die Markenplatzierung positiv beeinflusst und langfristig gesteigerte Profite generiert werden.[220]

Operante bzw. instrumentelle Konditionierung

Treuepunkte, die bei Loyalty-Programmen eingesetzt werden, können auch als positive Verstärkereffekte und somit als Form der operanten bzw. instrumentellen

---

215 Signifikanter Zusammenhang: p < 0,01.
216 Stark signifikanter Zusammenhang: p < 0,001.
217 Vgl. Lin, H., Luan, P. (2003), S. 161.
218 Eigene Darstellung i.A.a. Lin, H., Luan, P. (2003), S. 162.
219 Vgl. Beyers, R. et al. (2011), S. 7.
220 Vgl. Beyers, R. et al. (2011), S. 7.

Konditionierung angesehen werden. Gemäß der Theorie der operanten Konditionierung können sowohl positiv-, als auch negativ empfundene Reize die Wahrscheinlichkeit eines bestimmten Verhaltens beeinflussen. Positive Reize, also solche, die die Reaktionswahrscheinlichkeit erhöhen, sind dabei bspw. Geld oder soziale Anerkennung. Negative Reize, also solche, die Reaktionswahrscheinlichkeit verringern, bzw. deren Verringerung die Reaktionswahrscheinlichkeit erhöht sind dabei bspw. schmerzauslösende Reize oder soziale Missbilligung.[221] Bekanntester Vertreter dieser Theorie war der amerikanische Psychologe Burrhus Frederic Skinner, der die Forschung in diesem Bereich mittels der von ihm entwickelten Skinner-Box voranbrachte. Das von ihm 1965 veröffentlichte Buch „Science and Human Behavior"[222] gilt als Standardwerk in der Verhaltensforschung. Kroeber-Riel (2009) merkt dazu an: „Die operante Konditionierung ist für die Erklärung des Lernens von Konsumenten häufig untersucht und bestätigt worden: Positive Kauferfahrungen wirken als Verstärker für zukünftiges Verhalten."[223]

Einsatz einer NFC-Loyalty-Option

Durch den Einsatz von NFC-Technik können Loyalty-Prozesse optimiert werden. Der Kunde kann alle seine Kundenkarten durch den Einsatz von nur einem NFC-Chip ersetzen. Alle Daten werden auf dem Secure Element abgespeichert. Viele Handelsunternehmen haben Loyalty-Programme mit entsprechenden Kundenkarten und einer zusätzlichen Smartphone-App. Eine Umstellung auf NFC würde – ein NFC-fähiges Smartphone vorausgesetzt – lediglich eine Erweiterung der Applikation um NFC-Funktionen erfordern. Die Applikation dient als graphisches Interface für die NFC-Funktionen.[224] In der Folge wird ein möglicher Ablauf des Einsatzes eines NFC-Loyalty-Programms am Point of Sale (POS) beschrieben.[225]

- Der Kassierer scannt das Produkt ein.
- Der Kunde führt sein NFC-fähiges Smartphone an den Reader.
- Sollte der Kunde über einen Coupon verfügen, bekommt der Kassierer diesen auf dem Display seines Kassensystems angezeigt. Eventuelle Rabatte werden abgezogen.
- Die Bonuspunkte für das Loyalty-Programm werden gutgeschrieben.
- Der Vorgang ist abgeschlossen.

Coupons

Im Marketing werden Coupons bzw. Gutscheine in den verschiedensten Branchen primär im B2C-Bereich eingesetzt. Am populärsten sind sie im Konsumgüterbereich. Der erste Gutschein für eine kostenlose Produktprobe geht auf das Jahr 1895

---

221 Vgl. Kroeber-Riel, W. et al. (2009), S. 378f.
222 Vgl. Skinner, B. (1965).
223 Kroeber-Riel, W. et al. (2009), S. 379.
224 Vgl. Clark, S. (2012,1), S. 24.
225 Vgl. Beyers, R. et al. (2011), S. 10.

zurück und wurde vom Softdrinkhersteller Coca Cola herausgegeben.[226] Coupons werden seit den 1960er Jahren gezielt für Marketingmaßnahmen eingesetzt[227], um neue Kunden zu akquirieren oder um treue Kunden zu belohnen.[228] In der Folge werden die unterschiedlichen Arten von Coupons im Allgemeinen, ihre psychologische Wirkungsweise, der Homo Oeconomicus und die Vorteile von NFC Coupons im Speziellen beschrieben.

Arten von Coupons

Bei Coupons werden verschiedene Arten unterschieden.[229] Dazu gehören:

- *Rabatt Coupon (cash coupon)*: klassische Form eines Coupons, gewährt einen Preisnachlass auf ein bestimmtes Produkt des Sortiments.
- *Warengutschein (free offer coupon)*: Coupon, der Produktzugaben gewährt. Dazu zählen bspw. Angebote wie „buy one – get one free".
- *Einkaufsgutschein (shopping coupon)*: produktunabhängiger Coupon, der einen pauschalen Preisnachlass beim Einkauf gewährt.
- *Treuecoupon*: können vom Verbraucher gesammelt und kumuliert gegen eine Rückvergütung eingelöst werden.

Psychologische Wirkungsweise von Coupons

Im Bereich des Marketings gibt es verschiedene theoretische Ansätze um das Kaufverhalten der Konsumenten zu erklären. Die bekanntesten sind dabei die kompositionellen Modelle von Morris J. Rosenberg und Martin Fishbein. Rosenberg geht davon aus, dass Verbraucher Produkte danach beurteilen, in wie weit diese geeignet sind, ihre Bedürfnisse zu befriedigen. Dazu hat er die Hypothese formuliert, dass die Einstellung einer Person zu einem Objekt von der Wichtigkeit ihrer Motive (die affektive Komponente) und der wahrgenommenen Eignung des Objekts (die kognitive Komponente) zur Motiverreichung abhängt. Quantitativ lässt sich die Einstellung durch folgende Formel berechnen:[230]

$$A_{ijk} = \sum_{k=1}^{n} x_{ik} \cdot y_{ijk}$$

mit:
- A_{ij}: Einstellung der Person i zu Objekt j.
- x_{ik}: Wichtigkeit des Motives k für die Person i (value importance).
- y_{ijk}: Subjektive Meinung der Person i über die Eignung des Objektes j zur Befriedigung des Motives k (perceived instrumentality).
- n: Anzahl der relevanten Merkmale.

---

226 Vgl. Ploss, D., Berger, A. (2002), S. 120.
227 Vgl. Spiekermann, S. (2011), S. 280.
228 Vgl. Beyers, R. et al. (2011), S. 7.
229 Vgl. Dierks, S., Plass, D. (o.J.), S. 1f.
230 Vgl. Kroeber-Riel, W., et al. (2009), S. 246.

Das Modell zur Einstellungsmessung des amerikanischen Sozialforschers Martin Fishbein ist ein kognitives Multi-Attribut-Modell und zielt letzten Endes darauf, den Zusammenhang zwischen Einstellungen und Verhalten von Individuen zu beschreiben. Es stellt eine Systematisierung des „Means-End-Modells" von Morris J. Rosenberg dar. Dabei wurde vor allem die Operationalisierung der kognitiven Einstellungskomponente verbessert. Formal lautet das Fishbein Modell:[231]

mit:
$$E_{ij} = \sum_{k=1}^{n} P_{ijk} \cdot Q_{ijk}$$

- E_{ij}: Einstellung des Individuums *i* zum Objekt *j*.
- P_{ijk}: Wahrscheinlichkeit, mit der das Individuum *i* am Objekt *j* das Merkmal *k* für vorhanden hält.
- Q_{ijk}: Subjektive Bewertung des Merkmals *k* durch das Individuum *i* am Objekt *j*.
- *n*: Anzahl der relevanten Merkmale.

Dieses Modell kann auch auf Maßnahmen des Marketing-Mixes[232], wie Coupons, angewandt werden, um Kaufentscheidungen zu beeinflussen. „According to this perspective, consumers' intentions to use coupons are determined by their attitudes and perceptions of whether important others (e.g. spouse) think one should or should not expend the effort to clip, save, and use coupons. Behavior is in turn determined by intentions."[233]

Homo Oeconomicus

Neben dem psychologischen Ansatz lässt sich die Wirkungsweise von Coupons auch durch den Homo Oeconomicus erklären. Der Terminus technicus Homo Oeconomicus beschreibt das fiktive Idealbild eines Akteurs in der Ökonomie, „der eigeninteressiert [...] und rational [...] handelt, seinen eigenen Nutzen maximiert [...], auf Restriktionen reagiert [...], feststehende Präferenzen hat [...] und über (vollständige) Information verfügt [...]."[234]

Der Homo Oeconomicus ist ein Nutzenmaximierer, der rational im Bezug auf seine eigene Zielfunktion handelt. Die ihm zu Grunde liegenden Annahmen basieren zwar auf beobachteten menschlichen Eigenschaften, bilden diese aber keineswegs vollständig ab. Der Homo Oeconomicus ist vielmehr als ein Erklärungskonzept für das aggregierte menschliche Verhalten zu sehen und erfüllt eine methodologische Funktion. Durch diesen Idealtypus soll kein individuelles Verhalten, sondern gesellschaftliche Makrophänomene erklärt werden.[235] Durch die verschiedenen Ebenen des Konstrukts lässt sich auch die Wirkungsweise von Coupons erklä-

---

231 Vgl. Fishbein, M. (1967), S. 394.
232 Zusammenspiel aus Produkt-, Preis-, Distributions- und Kommunikationspolitik.
233 Kavas, A., Shimp, T. (1984), S. 795.
234 Franz, S. (2004), S. 4.
235 Vgl. Franz, S. (2004), S. 2.

ren. Rationales Handeln bedeutet, bei gegebenen Ressourcen zielbezogen das Maximum zu erreichen, bzw. ein gegebenes Ziel mit einem Minimum an eingesetzten Ressourcen zu erreichen. Egal um welche Art von Coupons es sich handelt, durch ihren Einsatz kann ein Konsument einen größeren Nutzen bei gleichem Einsatz, bzw. den gleichen Nutzen bei geringerem Einsatz erreichen. Die Prämisse der Nutzenmaximierung ist das oberste Ziel, auf das rationales, menschliches Handeln richtet. Nutzenmaximierung kann im Zusammenhang mit dem Einsatz von Coupons dabei analog erklärt werden.

Der Homo Oeconomicus reagiert auf Restriktionen bzw. Umwelteinflüsse. Das kann auf strukturelle, äußere Bedingungen zurückgeführt werden. Zu den Restriktionen zählen bspw. das individuelle Einkommen, die auf den Märkten geltenden Preise, die rechtlichen Rahmenbedingungen des Handelns und die erwarteten Reaktionen anderer. Auch hierbei spielen Coupons eine Rolle, da sie u.a. Einfluss auf geltende Preisstrukturen haben.

Die Annahme der feststehenden Präferenzen gilt nicht nur beim fiktiven Idealbild des Homo Oeconomicus, sondern auch bei realen Individuen. Das Phänomen der Markentreue ist ein wichtiger Faktor für Unternehmen. Markentreue wirkt sich auf die Verkaufszahlen von Markenprodukten aus und macht somit langfristig oftmals den Kern des Marktwertes eines Unternehmens aus.[236]

Die fünfte und letzte Prämisse des Homo Oeconomicus ist die Annahme der vollständigen Information. Das bedeutet u.a., dass die Reaktion eines Individuums auf Restriktionen ohne zusätzliche Transaktions- bzw. Informationskosten. Er ist vollständig über sämtliche Handlungsalternativen informiert und kann ihre Auswirkungen an Hand von Eintrittswahrscheinlichkeiten prognostizieren. Die Annahme der vollständigen Information gilt bei vielen anderen theoretischen ökonomischen Modellen auch. In der Praxis ist das allerdings nie gänzlich gegeben. In einer Alltagswelt voller UbiComp-Techniken und der dadurch bedingten Allgegenwart von Informationstechnologien wird diese Prämisse immer mehr erfüllt.

Vorteile von NFC Coupons

Der Vorteil von NFC-Kampagnen mit Coupons ist deren schnelle Anpassungsfähigkeit. Sie „könnten an das Wetter, an die Situation, an den Ort oder auch an bestimmte Tageszeiten angepasst und verknüpft werden"[237]. So ist beispielsweise eine Kampagne möglich, bei der eine Autowerkstatt bei plötzlichem Wintereinbruch ad-hoc NFC-Coupons für einen Rabatt beim Reifenwechsel verschickt.[238] Oder eine Drogeriekette hat die Möglichkeit, je nach Wetterlage Gutscheine für Regenschirme oder Sonnencreme zu versenden. Ein Kunde kann den Coupon direkt verwerten, selbst wenn er unterwegs ist.

---

236 Vgl. Zinnbauer, M., Bakay, Z. (2003), S. 7f.
237 Wimmer, B. (2012).
238 Vgl. Wimmer, B. (2012).

Im Jahr 2009 wurde in den USA die Rekordzahl von 367 Mrd. Coupons verteilt. Die Rücklaufquote blieb allerdings, ähnlich wie in den Jahren zuvor, bei weniger als einem Prozent.[239] Unternehmen erwarten sich von NFC-Coupons höhere Rücklaufquoten als von klassischen Coupons, da deren Verwendung – wie im vorherigen Abschnitt beschrieben – integrativer Bestandteil des Zahlvorgangs ist und somit keinen Mehraufwand für den Kunden darstellt.

Check-In

Der Begriff Check-In, oder im deutschen Sprachgebrauch auch einchecken, war ursprünglich mit Flughäfen und Hotels verbunden.[240] Doch in Verbindung mit NFC sind Check-Ins auch für das Marketing interessant geworden. Für Unternehmen ergeben sich durch spezielle Tags im Eingangsbereich von Läden bspw. die Möglichkeit der Kundenzählung oder Mitarbeiter können über Neuankömmlinge informiert werden. Werden Check-Ins in die Loyalty-Strategie der Unternehmen integriert, können sich Kunden bspw. Treueprämien verdienen. Außerdem besteht die Möglichkeit einer Social Media Integration. Ein Transponder kann auch darauf programmiert werden, eine Statusmeldung in den Profilen der Nutzer bei sozialen Netzwerken abzusetzen. Die Daten werden entweder von Kundenbindungsprogrammen der Unternehmen oder durch Applikationen externer Dienste genutzt. Diese externen Dienste werden auch Location Based Services (LBS), also positionsdatenbezogene Dienstleistungen, genannt. Eine der bekanntesten Anbieter in diesem Bereich ist Foursquare.[241] Die Foursquare Applikation für Smartphones funktioniert sowohl über GPS, als auch mittels NFC. Die NFC-Dienste wurden in Zusammenarbeit mit dem Internetkonzern Google entwickelt.[242] Da so die Frequentierung eines Ortes durch eine bestimmte Person kontrolliert werden kann, bietet sich zudem die Möglichkeit, durch den Einsatz dieser Technik Rundgänge des Sicherheits- und Reinigungspersonals zu überprüfen.[243]

Social Media Integration

Die Einbindung von Social Media spielt im Marketing eine immer größere Rolle. Vor allem Facebook, das nach seinem Börsengang im Mai 2012 zu den wertvollsten Internetunternehmen der Welt zählt, bietet hier auf Grund seiner knapp einer Milliarde Mitgliedern und der verschiedenen technischen Möglichkeiten großes Potential. Über soziale Netzwerke lassen sich virale Marketingkampagnen durchführen um so word-of-mouth zu initiieren. NFC kann dabei als Schnittstelle genutzt werden. Sämtliche Verwendungsmöglichkeiten von NFC können in sozialen Netzwerken wie Facebook[244], Flickr[245], oder Twitter[246] verbreitet werden. Das kann das

---

239 Spiekermann, S. et al. (2011), S. 280.
240 Vgl. t3n (2011).
241 Vgl. Foursquare (2012).
242 Vgl. NFC-Handy (2012).
243 Vgl. Clark, S. (2012,1), S. 9.
244 Facebook (2012).

Einchecken an einem bestimmten Ort, der Kauf eines bestimmten Produktes, das Überschreiten einer bestimmten Schwelle an Treuepunkten, die Interaktion mit einem reaktiven Display am POS[247] o.ä. sein. Bisher gab es mehrere Smartphone Applikationen auf diesem Gebiet. Eine der ersten war das auf dem „First International Workshop on Near Field Communication 2009" vorgestellte Programm NFCsocial[248]. Durch NFC-Tags auf Produkten können Kunden direkt zu Produktbewertungsplattformen und sozialen Netzwerken geleitet werden um so word-of-mouth zu initiieren. Die Produkte können außerdem auf diese Weise automatisch registriert werden.[249] Auch Funktionen wie Freundschaftsanfragen oder der Austausch von Fotos kann über NFC im P2P-Modus abgewickelt werden.[250]

Payment

Eine der am wirtschaftlich bedeutendsten Anwendungen liegt im Payment-Bereich. Hintergrund ist – wie bei anderen mobilen Bezahlsystemen (mPayment) auch – die Idee einer bargeldlosen Gesellschaft. Im Unterschied zu mPayment Anbietern wie PayPal bietet ein auf NFC-basierendes System eine einfachere Handhabung und die Möglichkeit der Systemintegration. So können Komponenten wie bspw. ein Loyalty-System kombiniert werden. Die drei Unternehmen Europay, Mastercard und Visa haben eine gemeinsame Initiative gegründet, die seit 1998 globale Standards für Kredit- und Debitkarten erarbeitet. Dabei liegen die Schwerpunkte vor allem auf kontaktlosen Technologien.[251] In der Folge wird ein Überblick über verschiedene Möglichkeiten der Klassifizierung von mPayments gegeben, die Anwendungsmöglichkeiten durch NFC aufgezeigt und die NFC-Integration am POS beschrieben. Zudem wird „Google Wallet" vorgestellt.

Klassifizierung von mPayments

MPayments lassen sich unter anderem bezüglich der Art, bezüglich des Zeitpunkts der Zahlung und bezüglich der Zahlungshöhe klassifizieren. Tabelle 6 auf der folgenden Seite gibt einen Überblick über die Grundlagen, Ausprägungen und Beschreibungen verschiedener Klassifizierungsarten.

---

245 Flickr (2012).
246 Twitter (2012).
247 Vgl. Zhou, J. et al. (2012), S. 162.
248 Vgl. Fressancourt, A. et al. (2009).
249 Vgl. Clark, S. (2012,2), S. 55.
250 Vgl. Clark, S. (2010,2), S. 41.
251 Vgl. EMVCo (2009).

Tabelle 6: Klassifizierung von mPaymants[252]

Grundlage	Ausprägung	Beschreibung
Art	Pay-Per-View	Der User bezahlt pro Bestellung abgerufener Inhalte, bspw. Songs oder Videoclips.
	Pay-Per-Unit	Der User bezahlt abgerufene Inhalte pro volumen- oder zeitbasierter Einheit, bspw. Videos nach MB oder Onlinespiele nach Min.
	Pay-Per-Flatrate	Der User bezahlt einen fixen Betrag für unbegrenzten Zugriff auf Inhalte, bspw. Online-Zeitungsartikel.
Zeitpunkt	Pay-Before (Prepaid)	Der User bezahlt im Voraus einen bestimmten Geldbetrag ein. Von diesem Guthabenkonto werden Inhalte und Produkte eingekauft.
	Pay-Now	Der User bezahlt während des Einkaufens in Echtzeit bspw. über ein bankkontenbasiertes System.
	Pay-Later (Postpaid)	Der User bezahlt nach der Nutzung der Inhalte bspw. über die Mobilfunkrechnung.
Höhe	Micro Payment	Digitale Inhalte oder Services bis zu einer Höhe von EUR 5,-, bspw. Klingeltöne.
	Macro Payment	Digitale Inhalte, Services oder physische Produkte, deren Betrag EUR 5,- übersteigt. Z.B. beim Onlineshopping.

Anwendungsmöglichkeiten von NFC Payments

Die Anwendungsmöglichkeiten von NFC im Payment-Bereich lassen sich am besten darstellen, wenn eine Klassifizierung gemäß des Zeitpunkts der Zahlung vorgenommen wird.[253] Dabei werden die drei Varianten Pay-Before, Pay-Now und Pay-Later unterschieden.

Pay-Before

Auf dem Smartphone wird eine Prepaid-Payment-App abgespeichert, ein sogenannter „prepaid stored value account". Dieser kann dann wie Bargeld benutzt werden um Artikel im niedrigen Preissegment, wie bspw. eine Tageszeitung, zu bezahlen. Dadurch besteht außerdem die Möglichkeit, Geldbeträge zwischen zwei Mobiltelefonen zu transferieren. Der NFC-Chip arbeitet dabei im P2P-Modus.

---

252 Eigene Darstellung i.A.a. Kaymaz, F. (2011), S. 23f i.V.m. Ketterer, K., Stroborn, K. (2002), S. 32.
253 Vgl. Clark, S. (2012,1), S. 14.

Pay-Now

Auf dem Smartphone wird die digitale Version einer Debitkarte[254] abgespeichert. So können Beträge über die Debitkarte direkt vom Bankkonto des Kunden abgebucht werde. Der Kunde muss mit seinem Smartphone nur in den Nahbereich des NFC-Senders am Point-of-Sale (POS) kommen. Der NFC-Chip arbeitet dabei im Emulations-Modus. Diese Variante erfordert aus Sicherheitsgründen allerdings bei Beträgen über EUR 25,- eine zusätzliche Authentifizierung mittels PIN-Eingabe oder Unterschrift. In diesem Fall verursacht der Zahlvorgang einen ähnlichen Aufwand wie die klassische Zahlung mittels Bankomat- oder Kreditkarte.

Pay-Later

Dieser Modus bietet sich gerade bei größeren Beträgen an und basiert auf einer Kreditkartenzahlung. Auf dem Smartphone muss dazu eine Payment-Applikation abgespeichert sein. Voraussetzung ist, dass sich der Kunde zuvor bei der Payment-Applikation authentifiziert und seine Kreditkarteninformationen hinterlegt hat. Bezahlt ein Kunde einen Betrag, wird dieser über das entsprechende Kreditkartenunternehmen mit der nächsten Rechnung abgerechnet. Analog zum Pay-Now-Verfahren ist bei Beträgen über EUR 25,- eine zusätzliche Authentifizierung mittels PIN-Eingabe oder Unterschrift nötig.

NFC-Integration am Point-of-Sale

Der Point-of-Sale (POS) bezeichnet primär die Kasse eines Ladens, aber auch den „Ort des Warenangebots (meist [...] innerbetrieblicher Standort einer Ware im Regal, in einer Verkaufsgondel), an dem die Kunden unmittelbaren Kontakt mit der Ware haben und die deshalb, zur Förderung von Impulskäufen, gezielt mittels Maßnahmen der Verkaufsförderung, angesprochen werden können."[255] Für den Einsatz von NFC muss ein POS mit entsprechendem technischen Equipment ausgestattet werden. Der Internetkonzern Google hat einen eigenen POS-Terminal, den sog. „Google Wallet SingleTap" entwickelt.

Die Benutzung erfolgt wie bereits zuvor beim Gliederungspunkt „Loyalty" dargestellt. Der Terminal verfügt zusätzlich über ein Tastenfeld, da bei Beträgen von über EUR 25,- zusätzlich die Eingabe eines PIN-Codes nötig ist. Der Google Wallet SingleTap Terminal wird aktuell schon bei mehreren Einzelhandelsketten in den USA eingesetzt. Als Anreiz zur Nutzung der neuen Technik bieten die Unternehmen bis zu 15% Rabatt bei NFC-Payments an.[256] Optimistischen Studien zufolge werden bis zum Jahr 2016 85% der POS Terminals mit NFC ausgestattet sein.[257]

---

254 Im Gegensatz zur Kreditkarte wird hier das Girokonto des Kunden nach einem Kauf sofort belastet.
255 Gabler Wirtschaftslexikon (2012,2).
256 Vgl. Clark, S. (2012,2) i.V.m. NFCWorld (2012).
257 Vgl. GSMA (2012,2).

Praxisbeispiel „Google Wallet"

Die Firma Google bietet mit der Applikation Google Wallet ein komplett ausgereiftes Payment-System für Smartphones mit Android-Betriebssystem. Grundsätzlich werden dabei zwei Arten der Nutzung unterschieden. Bei Onlinekäufen kann die Applikation ähnlich wie bspw. PayPal dazu benutzt werden den Bezahlvorgang abzuwickeln. Der entscheidende Unterschied ist allerdings die Möglichkeit der in-store Nutzung als Payment-Applikation. „Google Offers" ist eine Zusatzfunktion, die das Kaufverhalten erfasst, ein Profil erstellt und dem Kunden dann spezifische Gutscheine zusendet.[258]

Das Kreditkartenunternehmen Mastercard wickelt dabei über das System Paypass den Bezahlvorgang ab. Die neueste Generation der Mastercard Kreditkarten sind ebenfalls mit einem NFC-Tag ausgestattet und bieten somit die Möglichkeit, Paypass zu nutzen. Im Vergleich zur klassischen Nutzung einer Kreditkarte stellt sich hierbei eine Zeitersparnis ein.[259] Aus Sicherheitsgründen muss sich der Kunde auch hier – wie zuvor bereits beschrieben – bei Zahlungen über EUR 25,- authentifizieren.

Referenzlösungen und bisherige Erfahrungen

Um Referenzlösungen und bisherige Erfahrungen zu analysieren, werden erneut die Modi Read/Write, Tag Emulation und Peer-to-Peer unterschieden und separat betrachtet.

Read/Write Modus

Im Read/Write Modus ist vor allem der Quick Reaction Code (QR-Code) eine konkurrierende Technik. Der QR-Code wurde 1994 von der japanischen Firma Denso Wave entwickelt. Auf Grund der Zweidimensionalität kann mittels eines QR-Codes eine Datenmenge gespeichert werden, die der Vielfachen eines Barcodes entspricht.[260] Um einen QR-Code lesen zu können, muss ein Smartphone über eine Kamera und eine spezielle Applikation, die den Code liest und daraufhin eine entsprechende Anwendung initiiert, verfügen. Das kann – ähnlich wie bei NFC Tags im Read Modus – bspw. das Öffnen einer URL in einem Browser oder das Versenden einer Textnachricht sein. Beim Erstellen eines QR-Codes wird ein Fehlertoleranzlevel festgelegt. Je höher die Toleranz ist, desto länger dauert allerdings auch die Erkennung durch den Reader. Abbildung 3 auf der folgenden Seite zeigt einen QR-Code, der nach dem Einlesen das Öffnen der URL *http://www.univie.ac.at* in einem Browser bspw. auf einem Smartphone initiiert.

---

258 Vgl. Google Wallet (2012).
259 Vgl. Mastercard Paypass (2012).
260 Denso Wave (2010).

Abbildung 3: QR-Code http://www.univie.ac.at[261]

QR-Codes sind mittlerweile omnipräsent im Alltag anzutreffen. Im Marketing werden sie vor allem in den Bereichen Loyalty und Couponing eingesetzt. Darauf hat sich auch die Firma Snipscan[262], ein Start-Up aus München, spezialisiert. Snipscan bietet eine digitale Stempelkarte an. Wie bei einer regulären Stempelkarte kann ein Kunde Treuepunkte sammeln und sich dadurch Prämien verdienen. Statt allerdings Stempel auf einer physischen Karte zu sammeln, scannt ein Kunde bei jedem Kauf einen speziellen QR-Code, einen sog. „Snip-Code", ein. Am POS, bspw. einer Kaffeehauskette, wird dazu ein Aufsteller mit dem entsprechenden Code aufgestellt. In der Snipscan App[263] werden die verschiedenen digitalen Stempelkarten abgespeichert.

Die Vorteile für den Kunden liegen auf der Hand. In der App können mehrere Stempelkarten verschiedener Anbieter gespeichert werden und das „zu Hause vergessen" – eine Gefahr, die bei einer physischen Karte droht – ist ausgeschlossen. Es gibt auch Vorteile für die Unternehmen. Es können unkompliziert und in Echtzeit Kennzahlen zur Kundentreue gewonnen werden und bei Leerzeiten können Nachrichten an Kunden verschickt werden. Außerdem können abgewanderte Kunden identifiziert und reaktiviert werden. Gemäß dem Geschäftsführer Herrn Stefan Pflaum erfreut sich die Applikation sowohl bei den Kunden, als auch bei den Unternehmen steigender Beliebtheit. Die Technik ist simpel und funktioniert bisher ohne Komplikationen.

Tag Emulations Modus

Im Tag Emulations Modus ist vor allem die kontaktlose Smartcard ein Konkurrent. Wie schon einleitend in „Gliederungspunkt 2.2.1: Smartcards" beschrieben, sind diese Karten weit verbreitet. Zudem ist NFC im Tag Emulations Modus auf den Nahbereich von max. 10 cm beschränkt. Bei den Smartcards gibt es die Vicinity coupling Card, die Entfernungen von bis zu einem Meter erlaubt.

Auch bei einem Check-In arbeitet der NFC-Chip im Tag Emulations Modus. Check-Ins lassen sich allerdings auch über GPS realisieren. Da GPS im Gegensatz zu NFC aktuell fast schon standardmäßig in Smartphones verbaut wird, ist auch die Zahl der Anbieter entsprechend höher. Die Applikation Foursquare funktioniert sowohl über NFC, als auch über GPS. Facebook startete im Sommer 2010 die auf

---

261 Erstellt mit dem QR-Code-Generator auf GoQR.me (2012).
262 Vgl. Snipscan (2012).
263 Für Apple iOS und Google Android erhältlich.

GPS-Techniken basierende Funktion Facebook Places, die allerdings schon ein Jahr später wegen Komplikationen mit Datenschutzbestimmungen wieder eingestellt werden musste. Ortsangaben können jedoch weiterhin freiwillig allen Beiträgen zugefügt werden.[264] Der Vorteil von GPS-basierten Check-Ins ist die weite Verbreitung der Technik in Smartphones. Nachteile sind Ungenauigkeit[265] und teilweise eingeschränkte Verwendungsmöglichkeiten in bebauten Gebieten und innerhalb von Gebäuden.

Peer-to-Peer Modus

Auch für den Peer-to-Peer Modus gibt es verschiedene konkurrierende Techniken. Dazu zählen Infrarot, WLAN und Bluetooth. Infrarot ist eine Datenübertragung auf Basis von elektromagnetischen Wellen innerhalb eines bestimmten Spektralbereichs. Der Vorteil von Infrarot ist, dass keine Interferenzen wegen Frequenzüberlagerungen auftreten können. Der Nachteil ist, dass die Voraussetzung für die Datenübertragung eine Sichtverbindung ist.[266] Bei der Datenübertragung über ein drahtloses Netzwerk, ein Wireless Local Area Network (WLAN), werden IP-Netzwerke auf der Grundlage der „IEEE 802.11"-Protokollfamilie genutzt. In der aktuellen Version 802.11n ist eine Bruttoübertragungsgeschwindigkeit von bis zu 600 Mbit/Sek. möglich. Die Reichweite liegt dabei bei max. 25 Metern in Gebäuden und 150 Metern im freien Gelände.[267] Die Nachteile von Datenübertragung mittels WLAN sind, dass eine Koppelungsbestätigung nötig ist und Frequenzüberlagerungen auftreten können.

Der größte Konkurrent von NFC im P2P-Bereich ist Bluetooth. Die Technik wurde von der Bluetooth Special Interest Group (SIG) entwickelt. Die Bluetooth SIG wurde 1998 gegründet und zu den fünf Gründungsmitgliedern zählen unter anderem die Mobilfunkunternehmen Ericsson[268] und Nokia. Inzwischen haben sich dieser NPO über 16.000 Mitglieder angeschlossen.[269]Bluetooth ist ein Funkübertragungsstandard, der mittlerweile elementarer Bestandteil moderner Smartphones ist. Bei dieser Datenübertragungstechnik können Geschwindigkeiten von bis zu 24 MByte/S[270] realisiert werden. Das entspricht dem fast 500-fachen der Geschwindigkeit von NFC. Ein weiterer Vorteil ist die Reichweite. NFC ist auf dem Nahbereich von 10 cm beschränkt. Die Reichweite von Bluetooth liegt gerätespezifisch zwischen 10 - 65 Metern.[271] In der Vergangenheit hatte NFC einen großen zusätzlichen Vorteil im Vergleich zu Bluetooth und das war der Protokollaufbau, also die Geschwindigkeit, die zum Aufbau einer Verbindung zwischen zwei Geräten not-

---

264 Vgl. Die Presse (2011).
265 GPS ist in der zivilen Nutzung nur auf etwa zehn Meter genau.
266 Vgl. IrDA (2011).
267 Vgl. IEEE 802.11-2012 (2012).
268 Seit 2001 heißt das Unternehmen Sony-Ericsson.
269 Vgl. Bluetooth (2012).
270 Maximale Geschwindigkeit des „Bluetooth 4.0" Standards, vgl. Chip Online (2011).
271 Maximale Reichweite des „Bluetooth 4.0" Standards, vgl. Golem (2010).

wendig ist. Bei NFC wird eine Verbindung in weniger als 1 mSek aufgebaut. Der Verbindungsaufbau bei Bluetooth dauerte ca. 5 Sek. und erfordert zusätzlich eine Koppelungsbestätigung bei beiden Endgeräten der P2P-Verbindung.[272] Beim neuen Standard Bluetooth 4.0 wurde diese Schwachstelle allerdings behoben. Der Protokollaufbau dauert dort lediglich 3 mSek.[273] Die Notwendigkeit einer Kopplungsbestätigung bleibt jedoch bestehen.

---

272 Agrawal, P., Bhuraria, S. (2012), S. 69.
273 Vgl. PCWelt (2012).

Risikofaktoren

Neue Techniken, vor allem solche im Bereich der Informations- und Kommunikationstechnologien (IKT), bergen auch immer Risiken. Im Folgenden werden potentielle Risikofaktoren herausgearbeitet. Diese lassen sich in technische, ökonomische, sozio-psychologische und rechtliche Faktoren gliedern. Dabei ist zu bedenken, dass der theoretische Begriff Risiko im Gegensatz zur realen Gefahr ein soziales Konstrukt bezeichnet, „dessen individuelle Wahrnehmung von zahlreichen Faktoren bestimmt wird, wie z.b. Bildung, Beruf, Zugehörigkeit zu einer bestimmten Subkultur usw. [...] Was für den einen eine ernstzunehmende, nicht akzeptable Gefahr darstellt, kann so aus anderer Perspektive als eher unbedrohlich erscheinen."[274]

Technische Faktoren

Technische Aspekte stellen die naheliegenden Risikofaktoren im Zusammenhang mit NFC dar. Ein NFC-Ökosystem ist – so wie jedes System der Nachrichten- und Informationstechnik auch – potentiell gefährdet ausgespäht oder manipuliert zu werden.[275] Zu den Risiken zählen Funktionsstörungen, Abhängigkeit, Funkstörungen und das Auslesen der Daten. Die Ausführungen dieses Abschnitts beruhen größtenteils auf Studien, die das „Bundesamts für Sicherheit in der Informationstechnik" (BSI) in Deutschland im Zusammenhang mit RFID erstellt hat. Da sich RFID und NFC in wesentlichen Punkten ähnlich sind, treffen viele Ergebnisse auch hier zu.

Funktionsstörungen und Abhängigkeit

Ein wichtiger Risikoaspekt sind Funktionsstörungen und Abhängigkeiten, die in jedem Bereich des NFC Ökosystems zum Problem werden können. Sie können beim NFC Target, beim Mobile Network Operator, beim Plattform Manager oder beim Service Provider auftreten. Eine Funktionsstörung oder ein technischer Defekt bei einer dieser Komponenten kann eine Gefahr für das ganze Ökosystem darstellen.

Das NFC Forum versucht diesen Risiken entgegenzuwirken, indem es einerseits Standards entwickelt und andererseits aktuell ein System plant um Hardwarekomponenten, die ein gewisses Anforderungsniveau erfüllen, zu zertifizieren um so Vertrauen zu schaffen.[276] Auch die Abhängigkeit kann zum Problem werden. Ein Kunde, der es gewohnt ist, seine Zahlungen über ein NFC-fähiges Smartphone abwickelt, kann bei einem technischen Defekt des selbigen vor einem ernsthaften Problem stehen. Eine Zahlung wäre dann nicht mehr möglich. Allerdings muss gar nicht zwingend ein technischer Defekt vorliegen, ein leerer Akkumulator reicht aus.

---

274 Fleisch, E., Thiesse, F. (2005), S. 1128.
275 Vgl. Finkenzeller, K. (2008), S. 239.
276 Vgl. NFC Forum (2012,1).

Funkstörungen

Durch Funkstörungen können OTA-Verbindungen in einem NFC-Ökosystem gestört, oder ganz unterbunden werden. Die Funkverbindung kann dabei beabsichtigt oder unbeabsichtigt gestört werden. Unbeabsichtigte Störungen können bspw. durch Frequenzüberlagerungen mit anderen elektromagnetischen Feldern auftreten. Dieses Phänomen wird auch als „tag collision" bezeichnet. Beim Design der Transponder muss daher darauf geachtet werden, entsprechende „anti-collision"-Algorithmen mit einzuprogrammieren, um diese Gefahr zu minimieren.[277]

Die gezielte und beabsichtigte Störung von elektromagnetischen Feldern kann entweder durch „Blocker-Tags" oder durch den Einsatz von Sendeanlagen erfolgen. „Blocker-Tags" sind passive Funkchips, die durch das elektromagnetische Feld des Senders aktiviert werden und dann eine Frequenz blockieren. Ihr Einsatz ist gesetzlich nicht verboten. Die aktive Störung von elektromagnetischen Feldern durch einen Sender wird auch als „Jamming" bezeichnet. „Jamming" ist gesetzlich verboten. Für eine wirkungsvolle Störung auf Distanz sind starke Sender erforderlich. Die Beschaffung und das Betreiben der Sender sind allerdings nur technisch versierten Personen, wie bspw. Amateurfunkern, möglich.[278]

Auslesen der Daten

Elektromagnetische Felder können nicht begrenzt werden und die Kommunikation im NFC-Ökosystem verläuft auf einer öffentlichen Frequenz. Daher besteht die Gefahr des Auslesens der verschickten Daten. Dabei wird zwischen einer passiven und einer aktiven Methode unterschieden. Passives Auslesen bedeutet Abfangen von Daten ohne Eingreifen. Beim aktiven Auslesen verwendet der Angreifer ein modifiziertes Lesegerät um den Transponder direkt anzusprechen.[279] Das ist grundsätzlich auch mit einfachen Mitteln wie handelsüblichen Breitband- oder Weltempfängern möglich.[280]

Die Industrie hat versucht, dieses Risiko schon bei der Entwicklung von NFC auf mehrere Arten zu minimieren. Zum einen wurde die Reichweite der Technik bewusst auf einen Nahbereich von maximal zehn Zentimetern ausgelegt. Ein Gerät zum Ausspähen der Daten müsste sich somit ebenfalls in diesem Abstand befinden, um OTA Zugriff auf Informationen zu bekommen.

Das Auslesen der Daten stellt vor allem im Hinblick auf die Nutzung von NFC für mobile Zahlungen ein großes Risiko dar. Dabei können bspw. Kreditkarteninformationen ausgespäht werden. Der derzeitige Wert dieser Daten liegt je nach Kartentyp und Datenmenge auf dem Schwarzmarkt zwischen USD 0,85 und USD 30,-.[281]

---

277 Vgl. Sarma, S. et al. (2001), S. 52.
278 Vgl. BSI (2005), S. 15.
279 Vgl. BSI (2005), S. 5.
280 Vgl. BSI (o.J.), S. 4.
281 Vgl. Symantec (2010), S. 18.

Bridging-Problematik

Bridging bezeichnet die Datenübertragung zwischen Secure Elements. Die Notwendigkeit des Bridgings tritt bspw. bei einem Handywechsel auf. Auch dieses Problem wurde schon bei der Entwicklung des NFC Ökosystems bedacht. Bridging fällt in den Aufgabenbereich des Trusted Service Managers. Dieser ist als externer Dienstleister für alle Belange des Datenmanagements zuständig. Das Überspielen der Daten zwischen zwei Smartphones mit NFC Transpondern wird auch als NFC Application Life Cycle Management bezeichnet. Die Schritte sind dabei: [282]

- Laden
- Installation
- Registrierung und Personalisierung
- Löschen der alten Daten

Ökonomische Faktoren

Ökonomische Faktoren, die zu einem Risiko werden können, sind ein zu geringer Return-on-Investment, ein Mangel an NFC-fähigen Smartphones und aufkommende Konkurrenztechnologien.

Insuffizienter Return-on-Investment

Viele Methoden zur finanzwirtschaftlichen Rendite- und Performancebestimmung gehen auf das 1802 gegründete amerikanische Unternehmen DuPont[283] zurück. Chandler, A. (1962) sagt dazu: "In 1903, three Du Pont cousins consolidated their small enterprises with many other small single-unit family firms. They then completely reorganized the American explosives industry and installed an organizational structure that incorporated the "best practice" of the day. The highly rational managers at DuPont continued to perfect these techniques, so that by 1910 that company was employing nearly all the basic methods that are currently used in managing big business."[284]

Der Begriff Return-on-Investment (ROI), zu deutsch auch Kapitalverzinsung, Kapitalrendite oder Anlagenrendite, wurde erstmals 1927 von Donaldson Brown, einem Ingenieur von DuPont, in seiner Publikation „Centralized Control with Decentralized Responsibilities" erwähnt. Der amerikanische Wirtschaftswissenschaftler Robert S. Kaplan schrieb dazu 1984: „The DuPont Company devised an accounting measure, Return on Investment (ROI), to serve both as an indicator of the efficiency of its diverse operating departments and as a measure of financial performance of the company as a whole"[285] Der ROI ist auch heutzutage noch eine

---

282 Vgl. Madlmayr (2009), S. 21f.
283 Einer der weltgrößten Chemiekonzerne. Früherer Name: „E.I. du Pont de Nemours and Company".
284 Chandler, A. (1962), S. 417.
285 Kaplan, R. (1984), S. 397.

wichtige Kennzahl im Controlling von Unternehmen und in der Finanzwirtschaft. Der Wert berechnet sich aus dem Quotienten des Gewinns und des Gesamtkapitals.

Die Einführung eines kompletten NFC Ökosystems ist mit hohen Investitionskosten verbunden. Seitens des Handels besteht somit das Risiko, dass diese Kosten keinen angemessenen ROI generieren. Generell lässt sich sagen, dass es in der Praxis schwierig ist, den ROI einer solchen Investition zu messen. Der zusätzliche Gewinn lässt sich nur schwer quantitativ erfassen. Eine Möglichkeit der Messung bietet bspw. eine Kosten-Nutzen-Analyse[286].

Ein Faktor für einen insuffizienten ROI kann auch eine falsche Investition sein. Investitionen, die bspw. in der Entwicklungsphase einer Technik oder eines Produkts getätigt werden, können sich ex-post als Fehlinvestitionen herausstellen. Gemäß dem „Bass Modell"[287] lassen sich bei Marktteilnehmern Innovatoren und Imitatoren unterscheiden. Innovatoren haben die Chance, schnell einen großen Marktanteil zu erreichen. Sie laufen allerdings auch Gefahr, Fehlinvestitionen zu tätigen. Imitatoren können diese „lessons learned" der Innovatoren ausnutzen, um Fehler zu vermeiden und langfristig davon zu profitieren.[288]

Mangel an NFC-fähigen Smartphones

Ein weiterer ökonomischer Faktor ist der Mangel an NFC-fähigen Smartphones. Das Modell 6131 des Mobiltelefonherstellers Nokia, das weltweit erste mit NFC-Funktionen, kam bereits Anfang 2008 in den Handel.[289] Doch in der Folgezeit blieb die Verbreitung eher dürftig. Anfang des Jahres 2011 zeichnete sich jedoch der Beginn eines Trends ab. Eric Schmidt, der damalige CEO des Internetkonzerns Google, kündete auf dem Mobile World Congress (MWC)[290] eine schnelle Integration von NFC im Android Betriebssystem an. Er betonte das große Potential der Technik und die Möglichkeiten für zusätzliche Werbeangebote. Dieser Vorstoß von Google wirkte als Initialzündung. Im Laufe des Jahres 2011 brachten – mit Ausnahme von Apple – alle großen Hersteller insgesamt mehr als 40 verschiedene NFC-fähige Smartphones auf den Markt.[291]

Der Durchbruch ist allerdings immer noch nicht geschafft. Im gesamten Jahr 2011 wurden weltweit 30 Mio. NFC-fähige Mobiltelefone verkauft. Verglichen mit der Gesamtzahl von 487,7 Mio.[292] verkauften Smartphones ergibt sich ein Marktanteil von 6,2% für NFC-fähige Mobiltelefone.[293] Die Wachstumsrate im Vergleich zum Jahr 2010 liegt jedoch bei 87,8%.[294] Wird auf diese Zahlen das im Laufe der

---

286 Im angelsächsischen Sprachraum cost-benefit-analysis (CBA) genannt.
287 Vgl. Gliederungspunkt „Diffusion und das Bass Modell".
288 Vgl. Clark, S. (2012,1), S. 157.
289 Vgl. Chip Online (2008).
290 Von der GSMA veranstaltete, größte Mobilfunkmesse Europas.
291 Vgl. Handelsblatt (2011).
292 Die Zahl variiert leicht, je nach Quelle.
293 Vgl. Canalys (2012).
294 Vgl. Teletarif.de (2012).

Arbeit bereits erwähnte Kritische-Masse-Diffusionsmodell[295] angewandt, so zeigt sich, dass der Entkoppelungspunkt (im angelsächsischen Sprachraum „tipping-point") in etwa erreicht sein dürfte. Demnach würde die Verbreitung in den nächsten Jahren sprunghaft ansteigen. Diese These unterstützen auch diverse Prognosen. Experten schätzen die globale Marktdurchdringung von NFC-fähigen Mobiltelefonen bis zum Jahr 2015 auf über 30%.[296]

Die Diffusionsgeschwindigkeit von Innovationen[297] wie NFC wird oftmals überschätzt. Der daraus resultierende Mangel an Hardware ist ein Risikofaktor im doppelten Sinne. Zum einen hemmt er das Wachstum der NFC-Technik und zum anderen begünstigt er Konkurrenztechnologien.

Sozio-psychologische Faktoren

Auch auf der sozio-psychologischen Ebene sind Risikofaktoren zu identifizieren. Dabei steht die Verwendbarkeit technischer Gefahrenquellen im Fokus der Betrachtung. Renn, O. (1989) sieht dabei eine Art Glaubenskrieg innerhalb der Gesellschaft „Auf der einen Seite führen die Befürworter einer forcierten technischen Entwicklung die enormen wirtschaftlichen Leistungen auf, die mit Hilfe der Technik errungen worden sind, auf der anderen Seite warnen die Skeptiker vor den drohenden Gefahren einer sich ausbreitenden Technikkultur, die bewusst die Möglichkeit globaler Katastrophen als Preis für einen fragwürdigen Konsumstandard in Kauf nimmt."[298] Der entscheidende Faktor bei der Risikobewertung ist dabei die Kontextabhängigkeit. Diese ist nicht willkürlich, sondern folgt gewissen Gesetzmäßigkeiten, die sich durch psychologische Untersuchungen identifizieren lassen. Gemäß Renn, O. (1989) haben verschiedene Analysen gezeigt, dass die folgenden qualitativen Faktoren dabei relevant sind:[299]

- Gewöhnung an Risikoquelle
- Freiwilligkeit der Risikoübernahme
- Persönliche Kontrollmöglichkeit des Riskantheitsgrades
- Sicherheit vor fatalen Folgen bei Gefahreneintritt (Dread)
- Möglichkeit von weitreichenden Folgen
- Sinnliche Wahrnehmbarkeit von Gefahren
- Eindruck einer gerechten Verteilung von Nutzen und Risiko
- Eindruck der Reversibilität der Risikofolgen
- Kongruenz zwischen Nutznießer und Risikoträger
- Vertrauen in die öffentliche Kontrolle und Beherrschung von Risiken

---

295 Vgl. Gliederungspunkt „Netzwerkeffekte und das Kritische-Masse-Diffusionsmodell"
296 Vgl. Teletarif.de (2011).
297 Vgl. Gliederungspunkt „Diffusion und das Bass Modell".
298 Renn, O. (1989), S. 167.
299 Renn, O. (1989), S. 181.

Es gilt jedoch anzumerken, dass diese qualitativen Faktoren durch persönliche Wertvorstellungen und das kulturelle Umfeld geprägt werden und somit individuell unterschiedlich ausgeprägt sind.

Als solche sozio-psychologischen Faktoren im Zusammenhang mit NFC sind vor allem die beiden Punkte Technikaversion und „Concern for Information Privacy" ausschlaggebend. Zudem findet im nächsten Abschnitt eine kritische Betrachtung des „Gartner Hype Cycle" als Tool zur Visualisierung visionärer Technologien statt.

Technikaversion

Eine generelle negative Grundhaltung gegenüber technischen Neuerungen wird auch als Technikaversion bezeichnet. Diese intuitive Bewertung des wahrgenommenen Risikos, das von Innovationen ausgeht kann sich nachteilig auf die Verbreitung von technologischem Fortschritt auswirken.[300] In den 1960er Jahren betrachtete die Mehrheit der deutschen Bevölkerung technische Innovationen im Allgemeinen noch als Segen. Seit den 1980er Jahren gibt es immer mehr Technologieskeptiker oder auch technologieaverse Bürger in der deutschen Gesellschaft.[301]

Near Field Communication ist nun seit mehreren Jahren verfügbar, technisch ausgereift und findet in verschiedenen Bereichen auch schon Anwendung. Trotzdem schreitet die Akzeptanz durch die Kunden nur zögerlich voran. Deutlich wird das durch ein Beispiel der Wiener Linien, dem städtischen Verkehrsbetrieb der Stadt Wien.[302] Die Wiener Linien haben im Jahr 2010 damit begonnen Fahrkartenautomaten im U-Bahn-Netz mit NFC-Technik auszustatten. Der Kunde hat die Möglichkeit, vor Antritt der Fahrt sein Mobiltelefon an den Transponder des Fahrkartenautomaten zu halten. Er bekommt automatisch eine SMS zugesandt und bestätigt den Ticketkauf, indem er daraufhin eine SMS zurück sendet. Das Ticket wird am Monatsende über die Rechnung des Mobilfunkproviders bezahlt. Dieser wickelt den weiteren Zahlvorgang dann mit den Wiener Linien ab. Im Moment ist dieser Service ausschließlich über den Mobilfunkprovider A1 möglich. Im Jahr 2010 wurde die NFC-Zahlung insgesamt in 172 Fällen genutzt. Im Jahr 2011 in 360 Fällen und im Jahr 2012 werden es voraussichtlich 1255[303] Fälle werden[304]. Es ist, wie in Abbildung 4 auf der nächsten Seite ersichtlich, ein eindeutiger Trend nach oben erkennbar.

---

300 Vgl. Ahlert, D. et al. (2007), S. 34.
301 Wiedemann, P., Hennen, L. (1989), S. 27.
302 Der Einsatz von NFC im ÖPNV ist zwar eigentlich nicht Inhalt dieser Arbeit, dennoch wird das Beispiel an dieser Stelle heran gezogen, um die Problematik der Technikaversion zu demonstrieren.
303 Prognose, da 523 Kunden den Service bis einschließlich Mai 2012 nutzten.
304 Nutzerzahlen nach Aussage des Kundenservice der Wiener Linien.

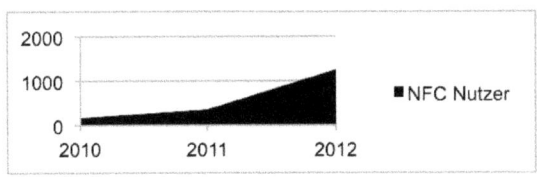

Abbildung 4: Entwicklung NFC-Nutzer Wiener Linien[305]

Im Verhältnis zu den Fahrgastzahlen insgesamt ist der Anteil von NFC-Nutzern allerdings nach wie vor marginal. Diese lag 2010 bei 838 und 2011 bei 875 Mio.[306]

Concern for Information Privacy

Der Begriff „Concern For Information Privacy" (CFIP) bezeichnet ein latent psychologisches Konstrukt aus der Konsumentenforschung, das Bedenken von Individuen im Hinblick auf die Handhabung von personenbezogenen Informationen aufzeigt. CFIP spielt auch im Hinblick auf NFC eine entscheidende Rolle. Eine empirische Untersuchung von Smith et al. (1996) identifizierte dabei vier Dimensionen (vgl. Tab. 7).

Tabelle 7: Dimensionen und Ausprägungen des CFIP[307]

Dimension	Ausprägung
Erfassung von Daten (Collection)	Besorgnis, dass große Mengen an persönlichen Informationen gesammelt und in Datenbanken gespeichert werden.
Unbefugter Gebrauch der Daten durch das Unternehmen und durch Dritte (Secondary Use)	Besorgnis, dass persönliche Daten erhoben werden, die unerlaubt verwendet werden.
Unbefugter Zugriff (Unauthorized Access)	Besorgnis, dass unzureichend befugte Personen auf die persönlichen Daten zugreifen können.
Fehler (Error)	Besorgnis, dass persönliche Daten vorsätzlich oder unbeabsichtigt verfälscht werden.

Die in der Tabelle beschriebenen Dimensionen sind bei jedem Individuum unterschiedlich stark ausgeprägt. Seitens des Handels gilt es den beschriebenen Auswirkungen entgegen zu wirken um eine breite Akzeptanz der Near Field Communication zu garantieren.

---

305 Eigene Darstellung.
306 Vgl. Wiener Linien (2012).
307 Eigene Darstellung i.A.a. Smith, H. J. et al. (1996), S. 181ff.

Visionäre Technologie

Eine Problematik – die bei visionären Technologien im IKT-Bereich immer auftreten kann – ist, dass sie ihrer Zeit voraus sind. Technische Innovationen brauchen in der Regel eine gewisse Zeit, um sich zu etablieren und um Akzeptanz unter den Nutzern zu erlangen.

Die amerikanische Firma Gartner ist ein Marktforschungs- und Beratungsunternehmen im IT-Bereich, das sich auf eben diese Thematik spezialisiert hat. Dazu wurde der sogenannte „Hype Cycle" entwickelt. Dieser dient der Visualisierung von Marktforschungsergebnissen und stellt die einzelnen Phasen der öffentlichen Aufmerksamkeit dar, die eine neue Technologie nach ihrer Einführung durchläuft. Dabei handelt es sich um anfängliche überschwängliche Begeisterung, nachfolgender Desillusionierung und schließlich Realismus. Die einzelnen Phasen sind im Detail:[308]

- „Technology Trigger" (Technologischer Auslöser)
- „Peak of Inflated Expectations" (Gipfel der überzogenen Erwartung)
- „Through of Disillusionment" (Tal der Ernüchterung)
- „Slope of Enlightenment" (Pfad der Erleuchtung)
- „Plateau of Productivity" (Plateau der Produktivität)

Wie im Hype Cycle des Jahres 2012 ersichtlich ist, befindet sich NFC Payment auf der Schwelle vom Gipfel der überzogenen Erwartungen zum Tal der Ernüchterung mit der Aussicht, das Plateau der Produktivität in fünf bis zehn Jahren zu erreichen. Interessanterweise wird das Internet der Dinge von den Analysten immer noch zum Bereich der technologischen Auslöser gezählt. Um in den Bereich der Produktivität vorzustoßen, wird es aber noch mehr als zehn Jahre dauern.

Der Hype Cycle ist ein Tool, das gerade von Praktikern oftmals zur Erklärung bestimmter Phänomene herangezogen wird. Das hat sich auch bei der Delphi-Befragung im empirischen Teil dieser Arbeit gezeigt. Da es sich jedoch bei den Hype Cycles um Trendprognosen eines gewinnorientierten Consultingunternehmens handelt, muss deren Objektivität durchaus hinterfragt werden. Es wird von einer Quasi-Regularität technologischer Entwicklungen bzw. Erwartungen ausgegangen, die jedoch eher Ausdruck einer bestimmten Betrachtungsweise, als eine allgemeingültige Tatsache ist.

Rechtliche Faktoren

Auch rechtliche Faktoren spielen eine wichtige Rolle beim Thema Near Field Communication. Während sich in der Vergangenheit die informationelle Überwachung von Personen auf die Benutzung von PC und Internet beschränkt hat und somit klar abgrenzbar war, wird es in einer Welt voller UbiComp-Technologien

---

308 Vgl. Gartner (2012).

zukünftig oft gar keine klare Unterscheidung zwischen „online" und „offline" mehr geben.[309] Es wird zunehmend schwieriger werden die Grenzen der Datenerfassung zu kontrollieren. Daher werden von Kritikern der Radiofrequenztechnik häufig Bedenken bezüglich des Datenschutzes angebracht. Im nächsten Abschnitt werden die rechtlichen Rahmenbedingungen dargelegt. Anschließend werden zwei Gefahrenpotentiale beschrieben: der Verlust der informationellen Selbstbestimmung und das Erstellen von Userprofilen. Zuletzt wird die Protestbewegung CASPIAN vorgestellt.

Rechtliche Rahmenbedingungen

Die rechtlichen Rahmenbedingungen werden auf verschiedenen Ebenen geregelt. Sowohl auf globaler Ebene durch die Vereinten Nationen (UNO), als auch auf europäischer Ebene seitens der Europäischen Union (EU) und auf Bundesebene kraft der einzelnen Regierungen.

Der Schutz der Privatsphäre ist ein Grundrecht. In der „Allgemeinen Erklärung der Menschenrechte der Vereinten Nationen" aus dem Jahr 1948 heißt es in Artikel 12: „Niemand darf willkürlichen Eingriffen in sein Privatleben [...] ausgesetzt werden. Jeder hat Anspruch auf rechtlichen Schutz gegen solche Eingriffe".[310]

Sinngemäß lautet es auch in der „Konvention zum Schutze der Menschenrechte und Grundfreiheiten", die 1950 vom Europarat ausgearbeitet wurde. Artikel 8 besagt: „Jedermann hat Anspruch auf Achtung seines Privat- und Familienlebens [...]."[311]

Im Jahr 2000 wurde der Schutz personenbezogener Daten schließlich auch in die Charta der Grundrechte der Europäischen Union aufgenommen. Unter „Titel II - Freiheiten" heißt es in Artikel 8: „(1) Jede Person hat das Recht auf Schutz der sie betreffenden personenbezogenen Daten. (2) Diese Daten dürfen nur nach Treu und Glauben für festgelegte Zwecke und mit Einwilligung der betroffenen Personen oder auf einer sonstigen gesetzlich geregelten legitimen Grundlage verarbeitet werden. Jede Person hat das Recht, Auskunft über die sie betreffenden erhobenen Daten zu erhalten und die Berichtigung der Daten zu erwirken. (3) Die Einhaltung dieser Vorschriften wird von einer unabhängigen Stelle überwacht."[312]

Die rechtlichen Rahmenbedingungen bestehen auch auf Bundesebene. In Deutschland wurde der Datenschutz als konkrete Ausprägung des Rechtes auf Privatheit gesetzlich verankert. Im Jahr 1983 gab es einen Leitspruch des Bundesverfassungsgerichts, der die informationelle Selbstbestimmung als besondere Ausprägung des allgemeinen Persönlichkeitsrechts definierte.[313]

---

309 Vgl. Mattern, F. (2005).
310 Vereinte Nationen (1948).
311 Europarat (1950).
312 Europäische Union (2010).
313 Bundesverfassungsgericht (1983).

Verlust der informationellen Selbstbestimmung

Hat ein Kunde keine Kontrolle darüber, ob und welche persönlichen Daten über ihn herausgegeben werden, so droht ein Verlust der „informationellen Selbstbestimmung". Das Recht darauf ist in vielen Staaten im Grundgesetz verankert[314] und stellt sicher „dass jeder Person im Hinblick auf den Umgang staatlicher Stellen oder anderer Privater mit den personenbezogenen Informationen und Daten (grund)rechtlicher Schutz zukommt."[315] Es garantiert den „Grundrechtsträgern Schutz gegen, Einfluss auf und eigenes Wissen über den Umgang anderer mit den sie betreffenden Informationen und Daten".[316] Jede unerlaubte Verwendung von personenbezogenen Daten ist ein Eingriff auf dieses Grundrecht. Die Datennutzung ist nur zulässig, wenn der Betroffene sie bezüglich Umfang und Zweck gebilligt hat. Er muss vor der Einwilligung über alle Eventualitäten unterrichtet werden. Die Einwilligung muss in schriftlicher Form geschehen.[317]

Durch NFC und andere Techniken des UbiComp ist eine neue Qualität der Datenerhebung entstanden, die über die gängige Praxis der Informationsgewinnung weit hinaus geht. Dafür sind fünf Faktoren verantwortlich:[318]

- Beobachtungsaktivitäten sind räumlich und zeitlich ausgedehnt.
- Datenerhebung kann nicht erkannt und rekonstruiert werden.
- Echtzeitüberwachung ermöglicht die Erhebung neuer Datentypen.
- Erhebungsgrund ist immer seltener nachvollziehbar.
- Externe Interkonnektivität macht unkontrollierten Datenzugriff möglich.

Eine der Anforderungen im Internet der Dinge ist die eindeutige Adressierbarkeit.[319] Genau dieser Aspekt ist jedoch bedenklich hinsichtlich des Datenschutzes. Die eindeutige Identifizierbarkeit und die Möglichkeit der Verknüpfung von Daten mit dem Besitzer ermöglicht theoretisch sogar ein Tracking von Personen[320] und somit den Aufbau einer „potentiell perfekten Überwachungsinfrastruktur"[321].

Es gilt allerdings anzumerken, dass Techniken wie NFC, oder auch RFID, lediglich „als Enabler-Technologie, die die [...] Basisdaten je nach Einsatzgebiet in einer zuvor nicht gekannten Quantität und Genauigkeit"[322] liefert, wirken. Die eigentliche Datenauswertung beruht auf herkömmlichen Data-Mining Verfahren.

---

314 In Deutschland bspw. in Art. 2 Abs. 1 i.V.m. Art. 1 Abs. 1 GG.
315 Albers, M. (2005), S. 22.
316 Albers, M. (2005), S. 21.
317 Vgl. Roßnagel, A. (2007), S. 269.
318 Vgl. Thiesse, F. (2005), S. 367.
319 Vgl. Gliederungspunkt „Das Internet der Dinge".
320 Vgl. Thiesse, F. (2005), S. 367.
321 Roßnagel, A. (2007), S. 272.
322 Thiesse, F. (2005), S. 367.

Der deutsche Rechtswissenschaftler Prof. Dr. Alexander Roßnagel gilt als Fachmann für Datenschutz insbesondere im eCommerce- und Multimedia-Bereich. In seinem Beitrag „Modernisierung des Datenschutzrechts für eine Welt allgegenwärtiger Datenverarbeitung"[323] kommt er zum Schluss, dass durch einen Paradigmenwechsel in der Datenverarbeitung bedingt, neue normative Ansätze im Datenschutz implementiert werden müssen. Dazu zählen effektive Kontrollstellen, die im Auftrag der Betroffenen arbeiten, Ansätze bei der Technikgestaltung sowie die Anwendung von Vorsorgeprinzipien hinsichtlich Daten, die später einmal personalisiert werden könnten. Die wachsende Verbreitung von UbiComp-Technologien erfordert sowohl ergänzende, als auch grundlegend neue Maßnahmen im Datenschutzrecht.

Erstellen von Userprofilen

Ein weiteres Gefahrenpotential ist die Möglichkeit für Unternehmen, Userprofile ihrer Kunden zu erstellen. Durch den Einsatz von NFC können viele verschiedene Informationen gesammelt werden. Dazu zählen personenbezogene Daten, Uhrzeit und Häufigkeit von Besuchen einer bestimmten Filiale oder das Erfassen von Art und Häufigkeit der gekauften Produkte. Durch die Zusammenführung dieser Daten lassen sich „sehr feingranulare Profile über die Handlungen, Bewegungen, sozialen Beziehungen, Verhaltensweisen, Einstellungen und Präferenzen von den Betroffenen in der körperlichen Welt"[324] erstellen.

Der Einsatz erfolgt häufig in Kombination mit einem Loyalty-Programm. Dadurch können persönliche Informationen der Kunden, wie Name, Geschlecht und Alter ergänzt werden. Über das Kaufverhalten können u.U. Rückschlüsse auf die Einkommenssituation gezogen werden. Somit kann ein Unternehmen innerhalb kurzer Zeit ein umfangreiches Userprofil anlegen und im Laufe der Zeit immer mehr verfeinern. In diesem Zusammenhang wird auch von einem „gläsernen Kunden" gesprochen. Solche Profile sind bspw. für die Werbeindustrie oder aber auch am Schwarzmarkt sehr begehrt und es besteht die Gefahr, dass diese ohne Wissen des Kunden an Dritte verkauft werden.[325]

Protestbewegungen gegen Missbrauch des Datenschutzes

Es gibt verschiedene Protestbewegungen, die sich das Ziel gesetzt haben, über die Problematik des Datenschutzes zu informieren. In den USA gibt es bspw. die im Jahr 1999 gegründete Organisation „Consumers Against Supermarket Privacy Invasion and Numbering" (CASPIAN).

Die CASPIAN ist eine landesweite Vereinigung von Konsumenten, die es als ihre Aufgabe ansehen, über die Gefahren von Loyalty-Programmen und Kundenkarten zu informieren. Ihr Ziel definieren sie als: „educating consumers, condemn-

---

323 Roßnagel, A. (2005), S. 71ff.
324 Roßnagel, A. (2007), S. 272.
325 Cavoukian, A. (2011), S. 11.

ing marketing strategies that invade shoppers' privacy, and encouraging privacy-conscious shopping habits".[326]

---

[326] CASPIAN (2005).

Expertenbefragung mittels Delphi-Methode

Obwohl die Technik der Near Field Communication schon seit mehreren Jahren verfügbar ist, beschränkt sich die praktische Anwendung jedoch bisher größtenteils auf Feld Tests. Im Laufe der bisherigen Ausführungen wurden die Grundlagen der Near Field Communication dargelegt, dabei wurden auch wichtige Aspekte, wie Standardisierung und Kryptologie, detailliert betrachtet. Anschließend wurden potentielle Einsatzbereiche ermittelt und Risikofaktoren identifiziert. Alle bisherigen Überlegungen waren dabei – bis auf einzelne Anwendungsbeispiele – überwiegend theoretischer Natur. Der folgende Teil dieses Buchs befasst sich mit einer empirischen Untersuchung.

Die Ziele waren dabei, die theoretisch erarbeiteten Aspekte zu verifizieren und weitere zu erarbeiten. Dazu wurde eine Expertenbefragung nach der Delphi-Methode durchgeführt. Die Befragung umfasste sowohl eine qualitative, als auch zwei quantitative Befragungsrunden. In den folgenden Abschnitten werden die Grundlagen des Delphi-Verfahrens präsentiert. Außerdem werden die Vorbereitungsphase, die Befragungsphase und die Phase der Auswertung beschrieben. Grundlage für die theoretischen Ausführungen des nächsten Abschnitts ist das Buch "Delphi-Befragungen: Ein Arbeitsbuch" von Häder, M. (2009).

Grundlagen der Delphi-Befragung

Die Delphi-Befragung ist eine Form des Experteninterviews im Rahmen der empirischen Sozialforschung mit explorativem Charakter. Dabei werden Personen mit fachspezifischem Wissen in mehreren Runden befragt. Die Teilnehmer einer Delphi-Befragung sind dabei nicht als Versuchspersonen, wie bei einem klassischen Experiment, zu sehen. Es geht also nicht darum, situationsgebundene Reaktionen zu provozieren, vielmehr sollen situationsunabhängige, wohlüberlegte Antworten gegeben werden. Die Teilnehmer der Befragung sind lediglich dem Untersuchungsleiter bekannt. So sollen sozio-psychologisch bedingte Einflüsse auf die Urteilsebene ausgeschlossen werden. Durch die wiederholte Durchführung der Befragung sollen zusätzlich gruppendynamische Prozesse angeregt werden.

Zwischen den Befragungen werden anonymisierte, statistische Gruppenantworten gebildet und diese werden den Experten vor der jeweils nächsten Befragungsrunde vorgelegt. Ziel dieses Verfahrens ist es, bestimmte Sachverhalte, gerade im technischen Bereich, vorher zu sagen. Im nächsten Abschnitt wird die Geschichte der Delphi-Befragung vorgestellt, anschließend werden das Forschungsdesign der klassischen Delphi-Befragung erläutert und vier Varianten davon präsentiert.

Geschichte der Delphi-Befragung

Der Name dieses Verfahrens bezieht sich auf die griechische Mythologie. Dort wird beschrieben, dass es etwa im achten Jahrhundert vor Christi Geburt, im griechischen Ort Delphi, einen Tempel gab, der ein Orakel beherbergte. Durch Opfergaben konnten Ratsuchende Antworten auf ihre Fragen erlangen.

Der Name Delphi wurde wieder aufgegriffen, als im Jahr 1948 ein Verfahren entwickelt wurde, um die Ergebnisse von Hunde- und Pferderennen voraus zu sagen. Die „Research And Development" (RAND) Corporation, eine amerikanische „Denkfabrik", die nach dem zweiten Weltkrieg gegründet wurde, um das Militär zu beraten, perfektionierte dieses Verfahren in den folgenden Jahren. Dabei sollten bspw. potentielle Ziele eines sowjetischen Angriffs abgeschätzt werden. Die Ergebnisse hierzu sind allerdings nie veröffentlicht worden.

Die Methode wurde daraufhin immer wieder auch in publizierten, wissenschaftlichen Arbeiten verwendet und wurde dadurch in der Öffentlichkeit bekannt. Seit Beginn der 1990er Jahre erfährt die Delphi-Methode in verschiedenen Varianten ein gesteigertes Interesse und wird überwiegend in technischen Bereichen eingesetzt.

Forschungsdesign der klassischen Delphi-Befragung

Das Forschungsdesign der klassischen Delphi-Befragung dient der Vorhersage von Sachverhalten und zukünftigen Entwicklungen. Es handelt sich dabei um den ursprünglichen, von der RAND Corporation entwickelten, Ansatz. Ziel ist es eine erhöhte Klarheit über bestimmte diffuse Angelegenheiten zu erlangen und einen unbekannten Sachverhalt möglichst exakt vorher zu sagen.

Das Forschungsdesign umfasst die folgenden Punkte:

(1) Die allgemeine Fragestellung wird operationalisiert. Das Ziel dabei ist es konkrete Kriterien abzuleiten, die den Experten im Rahmen einer quantitativen Befragung vorgelegt werden können. Dieser Schritt kann vom Forscherteam selbst oder auch durch eine offene qualitative Befragung der Experten durchgeführt werden.
(2) Ein standardisierter Fragebogen wird ausgearbeitet und den Experten vorgelegt.
(3) Nach Beantwortung des Fragebogens durch die Experten werden die Ergebnisse analysiert.
(4) Die Ergebnisse werden den Befragten in anonymisierter Form wieder vorgelegt. Die Befragung wird wiederholt. Die Experten verfügen dabei neue Erkenntnisse aus den Ergebnissen der vorherigen Runde.
Die Punkte (3) und (4) werden so lange wiederholt, bis ein zuvor festgelegtes Abbruchkriterium erreicht wird.

Die charakteristischen Merkmale der klassischen Delphi-Befragung sind dabei:

- Verwendung eines formalisierten Fragebogens.
- Befragung von Experten.
- Anonymität der Einzelantworten.
- Ermittlung einer statistischen Gruppenantwort.
- Information der Gruppenantwort über diese statistische Gruppenantwort (Feedback-Phase).
- (Mehrfache) Wiederholung der Befragung nach dem beschriebenen Vorgehen.

Varianten der Delphi-Befragung

Neben der klassischen Delphi-Befragung lassen sich auch drei Varianten unterschieden: Ideenaggregation, Ermittlung von Expertenansichten und Konsensfindung.

Ideenaggregation

Die „Ideenaggregation" ist ein ausschließlich qualitativer Ansatz. Das Forschungsdesign beginnt mit einer offenen Fragerunde. Die Ergebnisse werden den anderen Experten anschließend präsentiert. Danach werden erneut verbale Stellungnahmen eingeholt und diese wiederum präsentiert. Ziel ist es möglichst viele Ideen zu einem bestimmten Thema hervor zu bringen. Dabei sind alle Ideen – auch die nicht mehrheitsfähigen – von Interesse.

Ermittlung von Expertenansichten

Die „Ermittlung von Expertenansichten" ist eine Variante, bei der die Meinungen einer konkreten Expertengruppe erhoben und dabei qualifiziert werden. Im Unterschied zur klassischen Delphi-Befragung wird hier nicht versucht zu determinieren, wie die Zukunft werden wird, oder sie gar zu planen. Es wird vielmehr die Kommunikation über die Zukunft und deren aktive Gestaltung in den Fokus gerückt.

Konsensfindung

Unter der „Konsensfindung" versteht man eine Art der Delphi-Befragung, bei der das Ziel ist, ein möglichst hohes Maß an Konsens unter den Experten zu generieren. Dabei ist es essentiell, jene Personen in den Expertenkreis zu wählen, deren Meinung harmonisiert werden soll. Der Sachinhalt, über den zu kommunizieren ist, muss vorstrukturiert werden. Diese Konsensfindung ist bspw. im Vorfeld eines demokratischen Entscheidungsprozesses sinnvoll. Die Methode ist rein quantitativ und wird so lange durchgeführt, bis ein Konsens erreicht ist, also die Streuung der Antworten einen vorher definierten Wert unterschritten hat.

Vorbereitungsphase

Während der Vorbereitungsphase der Delphi-Befragung wurden Ablauf und Ziel festgelegt, das Befragungstool ausgewählt, ein Pretest durchgeführt, die Abbruchkriterien der einzelnen Phasen definiert und die Experten ausgewählt.

Ablauf und Ziel

Als Forschungsdesign wurde die zuvor vorgestellte klassische Delphi-Befragung gewählt. Die Operationalisierung der Fragestellung wurde mittels einer ersten, offenen Fragerunde durchgeführt. Die Experten wurden vorab per Email und über das soziale Netzwerk Xing angeschrieben. Inhalte waren zum einen der Zweck und der Ablauf der Studie und zum anderen Informationen über die Durchführungsmethode der Befragung und die Handhabung des Online-Tools. Die Teilnehmer wurden darauf hingewiesen, dass es Ihnen frei stehen würde, die Befragung nach einer der

Runden abzubrechen, dass es allerdings im Sinne der Studie wäre, sie bis zum Ende durchzuführen.[327]

Die Delphi-Befragung lief schriftlich in mehreren Runden mittels Fragebögen ab. Die erste Runde war qualitativ. Dabei wurden überwiegend offene Fragen gestellt, um das Problemfeld zu strukturieren und Ideen – seitens der Experten – zu generieren.

Auf Grund der Erkenntnisse der ersten Runde fand eine Operationalisierung der Fragestellung für die darauf folgenden, quantitativen Fragerunden statt. Die Ergebnisse wurden anonymisiert, die sprachliche Ebene vereinheitlicht und Doppelungen gestrichen. Auf Grundlage der Ergebnisse der ersten Runde wurden Statements gebildet. Diese wurden noch durch zusätzliche Statements ergänzt, die sich aus dem theoretischen Teil der Arbeit ergaben und durch die Ergebnisse der Expertenbefragung nicht abgedeckt wurden.

Im Rahmen der zweiten Befragungsrunde sollten die Experten die Antworten der ersten Runde mittels Rangordnungen bewerten. Fragestellungen, bei deren Beantwortung sich schon nach der ersten Fragerunde ein Konsens andeutete, wurden in der zweiten Runde direkt zu Statements umformuliert, die es dann mittels Ratingskalen zu bewerten galt.

Zwischen den weiteren Fragerunden wurden die Ergebnisse erneut ausgewertet und verdichtet. Sobald sich ein Konsens ergab, fand eine Umformulierung der Fragestellung zu einem Statement statt, das in der darauf folgenden Runde mittels einer Ratingskala bewertet werden sollte. Die letzte Fragerunde beinhaltete zudem auch eine Frage nach dem Jahr des Durchbruchs von NFC. Nach Abschluss der Befragung fand eine Auswertung aller Forschungsergebnisse statt.

Ziel der Befragung war es zum einen, Faktoren zu identifizieren, die einen Durchbruch von NFC bisher verhindert haben, zum anderen sollten die zukünftigen Marktchancen der Technik aufgezeigt werden. Durch die mehrstufige, anonymisierte Befragung sollten individuelle Meinungen eliminiert und eine generelle Prognose für die zukünftige Entwicklung herausgearbeitet werden.

Befragungstool

Die Befragung erfolgte in allen Runden ausschließlich über das online-basierte Umfragetool SurveyMonkey[328]. Die Vorteile eines solchen Tools sind Zeitersparnis und eine einfachere Auswertung der Ergebnisse. Die Anwendung SurveyMonkey ist in einer funktional stark eingeschränkten Basis-Version kostenlos erhältlich. Für diese Studie wurde die kostenpflichtige Plus-Version gewählt.

Klassischerweise werden Delphi-Befragungen in Papierform durchgeführt. Eine Studie von Batinic, B. (2003) hat jedoch gezeigt, dass die Ergebnisse schriftlicher Befragungen in Papierform und solcher, die mittels internet-basierter Tools

---

327 Vgl. Häder, M. (2009), S. 157.
328 SurveyMonkey (2012).

durchgeführt wurden, eine vergleichbare Reliabilität und Validität aufweisen. Zudem sind keine Unterschiede im Antwortverhalten der Teilnehmer zu erwarten.[329]

Pretest

Die erste Stufe des Tests wurde einem Pretest unterzogen. Die Ziele dabei waren es, die Verständlichkeit der Fragen zu testen und die Zeitdauer des Ausfüllvorgangs zu ermitteln. So konnten den Experten vorab möglichst genaue Angaben gemacht werden.

Für den Pretest wurden die Fragebögen durch zwei mit dem Autor befreundete Studenten der Wirtschaftsinformatik ausgefüllt. Diese waren zwar keine ausgewiesenen Experten im Bereich NFC, verfügten allerdings über das nötige Fachwissen, um die Fragestellungen ausreichend gut beurteilen zu können. Das Ausfüllverhalten wurde durch ein Screensharing mittels einer Skype[330] Videokonferenz beobachtet und analysiert. Dabei wurde die kognitive „Retrospective-Think-Aloud-Technik"[331] angewandt. Sobald die Probanden eine Antwort abgegeben hatten, gaben sie auch die Gedankengänge, die zu dieser Antwort geführt hatten, verbal wider.

Abbruchkriterien

Grundsätzlich gibt es zwei mögliche Kriterien, die einen Abbruch der Befragung zur Folge haben. Diese müssen von Anfang an eindeutig definiert sein. Das unerwünschte Kriterium ist das Unterschreiten einer bestimmten Rücklaufquote. Dieses Ereignis hat die negative Folge, dass das Ergebnis der Befragung nicht mehr aussagekräftig ist und die ganze Studie abgebrochen werden muss. Das zweite (erwünschte) Kriterium ist das Eintreten eines bestimmten Ereignisses während der Befragung. Das kann bspw. das Finden einen Konsenses sein. In diesem Fall wird die Befragung mit einem positiven Ergebnis abgebrochen.

In der Literatur werden Rücklaufquoten von 30% nach der ersten Welle und zwischen 70% - 75% nach den Folgewellen als eine gute Quote angesehen. Häder, M. (2009) beschreibt drei Hypothesen, die Gründe für einen Abbruch darstellen:[332]

- *Dissonanz-Hypothese*: Aussteiger bewerten Sachverhalte anders, als die übrigen Befragten. Es kommt zu kognitiven Dissonanzen und diese bedingen letzten Endes einen Abbruch der Teilnahme.
- *Nonkonformitäts-Hypothese*: Aussteiger neigen dazu extremere Urteile abzugeben, als die anderen Teilnehmer. Die Differenz der eigenen Meinung zur Meinung der anderen Befragten führt zu einem Abbruch.

---

329 Vgl. Batinic, B. (2003), S. 156f.
330 Skype (2012).
331 Verbale Rekapitulation nach Abschluss einer Aufgabe.
332 Vgl. Häder, M. (2009), S. 158.

- *Kompetenz-Hypothese*: Aussteiger haben in der ersten Befragungswelle besonders unsichere Antworten abgegeben. Aus Grund der vermuteten mangelnden Kompetenz erfolgt eine Verweigerung der zweiten Befragungsrunde.

Da eine hohe Rücklaufquote elementar für den Erfolg dieser Delphi-Studie war, wurde versucht möglichst viele persönliche Beziehungen zu nutzen, um die Kontakte zu den Experten herzustellen und so die Rücklaufquote möglichst hoch und die Abbruchquote gering zu halten. Zudem wurde den Experten eine Datenschutzerklärung zugesandt, die ihnen versicherte, dass sie in der Thesis zwar namentlich genannt werden und eine Legitimation ihres Expertenstatus gegeben wird, ihre Aussagen jedoch ausschließlich anonymisiert verwendet werden. Des Weiteren wurde ein Begleitschreiben des die Studie beaufsichtigenden Professors – Herrn Prof. Dr. Fröschl – mitgesandt, um die Seriosität der Befragung zu unterstreichen und zu versichern, dass die Ergebnisse lediglich für die akademische Forschung genutzt werden. Die Abbruchquote wurde vorab auf eine Teilnehmerzahl von weniger als zehn Experten für die erste Runde und auf acht, bzw. sechs, Teilnehmer für die weiteren Runden festgelegt.

Um das erwünschte Abbruchkriterium dieser Studie zu erreichen, wurde diese in drei Stufen unterteilt. Während der ersten Stufe wurden offene Fragen gestellt. Während der zweiten Stufe galt es Aussagen der Experten, zu gewissen Fragestellungen, in Rangordnungen zu bringen. Sobald das geschehen war, trat die dritte Stufe in Kraft, während der Statements, die auf Grundlage der Ergebnisse der zweiten Runde gebildet wurden, mittels Ratingskalen bewertet werden mussten. Das Abbruchkriterium trat ein, sobald die dritte Stufe erreicht war und alle Fragestellungen mittels Ratingskalen bewertet worden waren.

Art des Feedbacks

Die Feedbackphase ist ein elementarer Bestandteil der Delphi-Methode. In der Literatur werden diesbezüglich meistens statistische Kennzahlen, wie bspw. Mediane und Quartilsspannen, empfohlen, da diese Ergebnisse – auch für Personen, die mit statistischen Maßen wenig vertraut sind – leicht zu interpretieren sind.[333]

Die erste Runde dieser Delphi-Befragung war qualitativer Natur und beinhaltete offene Fragen. Ein Feedback mittels statistischer Kennzahlen war somit nicht möglich. Da sowohl die Anzahl der Teilnehmer an der Studie, als auch der Umfang des Fragenkatalogs überschaubar war, wurde den Experten, nach Abschluss der ersten Runde, als Form des Feedbacks eine Liste mit allen Antworten vorgelegt.

Nach Abschluss der weiteren Runden wurden den Experten die Mittelwerte der Antworten der einzelnen Fragen mitgeteilt. Auf ausführlichere statistische Berechnungen wurde – aus Gründen des beschränkten Umfangs der Studie und der kleinen Stichprobengröße – verzichtet.

---

333 Vgl. Fröhlich-Glantschnig, E. (2005), S. 251.

Aufbau der Expertenrunde

Die Auswahl der Experten ist eines der methodischen Hauptprobleme während einer Delphi-Befragung.[334] In dieser Phase galt es zunächst diejenigen Bereiche zu identifizieren, die von der Problemstellung betroffen sind. Anschließend wurden Unternehmen, die in diesen Bereichen tätig sind, ausgewählt. Im letzten Schritt mussten innerhalb dieser Unternehmen die jeweiligen Experten für den Bereich NFC gefunden und ihre Expertise überprüft werden. Für eine ausreichende Expertise sind sowohl spezielles Wissen und Fertigkeiten, als auch – nach Möglichkeit – langjährige Erfahrung mit der Thematik, ausschlaggebend. Zudem ist es essentiell darauf zu achten, dass, innerhalb der Expertenrunde, das Verhältnis zwischen "Theoretikern" und "Praktikern" ausgewogen ist. Experten aus den Bereichen der praktischen Anwendung sind wichtig, um die nötige "Insider-Perspektive"[335] zu gewährleisten. Ist ihr Anteil allerdings zu hoch, so droht die Gefahr, eines "pro innovation bias"[336], also einer Verzerrung auf Grund einer zu positiv verfälschten Beurteilung.

Außerdem muss die Stichprobe ausreichend groß sein. Sonst droht die Gefahr des Verlustes der Objektivität, aus Empirie droht Empirismus, also "das Ignorieren von theoriegeleitetem Forschen"[337] zu werden. Da es sich bei dieser empirischen Untersuchung um eine Expertenbefragung handelt, wurde ein Umfang von zehn Experten als ausreichend große Mindestanforderung festgelegt. Diese Anforderung konnte auch erfüllt werden.

Insgesamt wurden 30 Experten angeschrieben. Elf davon erklärten sich bereit an der Studie teilzunehmen. Das entspricht einer Quote von ca. 37%. Diese elf Experten wurden als Grundgesamtheit definiert und es fand eine Totalerhebung statt. Für die Delphi-Befragung wurden Experten aus allen relevanten Teilbereichen des NFC-Ökosystems ausgewählt. Dadurch sollte erreicht werden, dass das Ergebnis ein interdisziplinäres Gesamtbild widerspiegelt.

Zu den Teilbereichen zählen Handelsunternehmen (BIPA), Payment Anbieter (PayLife), Smartcard Hersteller (Austria Card), TSM (Kadona), Softwarehersteller (Phactum), Mobilfunkunternehmen (Blackberry), Forschung (Center for NFC Management, ibi Research GmbH), Standardisierung (GS1), Konkurrenzprodukte (Snipscan) und Politik (Wirtschaftskammer).

Austria Card

Die „Austria Card – Plastikkarten und Ausweissysteme Gesellschaft m.b.H." wurde im Jahr 1981 gegründet. Das Unternehmen spezialisierte sich auf die Personalisierung von Eurocheques und Eurocheque-Karten (EC-Karten). Ab 1984 begann Austria Card mit der Produktion von EC-Karten. Seit dem Jahr 1993 wird zudem eine

---
334 Vgl. Vgl. Häder, M. (2009), S. 22.
335 Okoli, C., Pawlowski, S. (2004), S. 20.
336 Rogers, E. (2003), S. 106.
337 Atteslander, P. (2008), S. 8.

Produktionslinie für Mikrochips auf EC-Karten gefahren. Aktuell beschäftigt die Firma ca. 300 Angestellte und produziert jährlich ca. 70 Mio. EC-Karten. Im Zeitraum von 1994 bis 2007 war die „Austria Card GesmbH" eine 100%ige Tochtergesellschaft der Österreichischen Nationalbank (OeNB). Seit Anfang 2008 besitzt die griechische Lykos Group 85% und seit Anfang 2011 100% der Unternehmensanteile.[338] Als Experte für die Delphi-Befragung stand Dr. Christoph Paul, „Head of International Banking Department" bei der Austria Card GesmbH und Mitglied der Austrian Smart-Card Association (ASA), zur Verfügung.

BIPA

Der Österreicher Karl Wlaschek gründete 1953 eine Parfümerie in Wien. Sie trug den Namen „Billige Parfümerie". Da das Geschäft in der Folgezeit florierte, eröffnete er unter dem Namen BIPA[339] mehrere Filialen. Im Jahr 1980 wurde die „BIPA Parfümerien GmbH" gegründet. Die Firma wurde 1996 von Karl Wlaschek verkauft und gehört seitdem zur REWE International AG, mit ca. 330.000 Mitarbeitern einem der führenden Handelskonzerne Europas. Aktuell ist BIPA der größte Parfümerie- und Kosmetikfachhandel Österreichs mit ca. 3.500 Mitarbeiter und 580 Filialen.

Loyalty ist ein wichtiger Aspekt für Handelsunternehmen. Bereits im Jahr 1998 wurde erstmals eine Kundenkarte, die sog. BIPACard, eingeführt. Kunden bekommen bei jedem Kauf, entsprechend der Höhe des Umsatzes, eine bestimmte Anzahl an Treuepunkten, die dann gegen Rabatte oder Coupons eingetauscht werden können. Seit dem Jahr 2010 gibt es zudem eine BIPA App. Über die App können bspw. der Punktestand der BIPACard oder aktuelle Angebote abgerufen werden. Als Experte für die Delphi-Befragung stand Herr Florian Felfernigg, ein Abteilungsleiter des Unternehmens BIPA, zur Verfügung.

Center for NFC Management

Das „Center for NFC Management" (CNM) ist eine an der Universität Hannover in Deutschland angesiedelte Kommunikationsplattform und unabhängige Beratungsfirma für Near Field Communication. Das CNM ist dabei interdisziplinär aufgestellt, um alle Bereiche des NFC-Ökosystems abzudecken.[340] Als Experte für die Delphi-Befragung stand Herr Dr. Marc-Oliver Reeh, Geschäftsführer und „Project Manager RFID / NFC" am CNM, zur Verfügung.

GS1

Die „GS1 Austria GmbH" ist das österreichische Tochterunternehmen der GS1, einer globalen Organisation, die ein „weltweit eindeutiges Identifikationssystem für Standorte, Artikel, Versandeinheiten usw. zur Verfügung"[341] stellt. GS1 Austria ist

---

338 Vgl. Austriacard (2012).
339 Akronym von „Billige Parfümerie".
340 Vgl. Center for NFC Management (2013).
341 GS1 Austria GmbH (2013,1).

eine neutrale Non-Profit-Organisation. Das GS1-System nutzt unter anderem Barcodes, QR-Codes, aber – mit dem EPCglobal – auch eine auf RFID basierende Technik.[342] Als Experte für die Delphi-Befragung stand Herr Manfred Piller, „Bereichsleiter GS1 Standards" und Prokurist der GS1 Austria GmbH, zur Verfügung.

ibi research GmbH

Die „ibi research GmbH" ist an der Universität Regensburg in Deutschland angesiedelt und betreibt Beratung und anwendungsorientierte Forschung. Der Fokus der Arbeit liegt dabei auf vier Bereichen: Retail Banking, E-Business, Business Process & Quality Management und IT-Governance.[343] Als Experte für die Delphi-Befragung stand der „Research Director" und Vorsitzende des E-Business Kompetenzcenters, Herr Prof. Dr. Ernst Stahl, zur Verfügung.

Kadona

Die Firma Kadona ist ein 2009 gegründetes Technologieunternehmen mit Sitz in Wien. Im Jahr 2012 wurde eine weitere Niederlassung in Paolo Alto im sog. „Silicon Valley", an der Westküste der USA, eröffnet. Kadona hat eine NFC Service Plattform entwickelt und nimmt damit die Rolle eines Trusted Service Managers im NFC Ökosystem ein. Als Experte für die Delphi-Befragung stand der Geschäftsführer und Gründer der Firma, Herr Markus Lobmaier, zur Verfügung.

PayLife

Die „PayLife Bank GmbH" ist ein österreichisches Unternehmen, das sich auf kartenbasierten Zahlungsverkehr spezialisiert hat. Das Unternehmen wurde im Jahr 2007 durch die Fusion der „Europay Austria Zahlungsverkehrssysteme GmbH" und der „Austrian Payment Systems Services" (APSS) gegründet. Die Unternehmensanteile sind im Besitz verschiedener Banken. PayLife vertreibt Kredit- und Prepaid-Karten und ist Anbieter für e-Commerce-Lösungen und POS-Zahlungssysteme.[344] PayLife betreibt zudem das Bezahlsystem Quick. Quick ist mit 8,6 Mio. Karten das weitverbreiteste, bargeldlose Zahlungsmittel Österreichs. Die 2012 eingeführte, neueste Generation von Quick Karten ist mit der NFC-Technik ausgestattet.[345] Als Experte für die Delphi-Befragung stand der IT-Leiter der PayLife Bank, Herr Martin Deutscher, zur Verfügung.

Snipscan

Die Firma Snipscan steht als Anbieter digitaler, auf QR-Codes basierender, Stempelkarten stellvertretend für den Bereich der Konkurrenztechnologien. Das Unternehmen wird ausführlich in Abschnitt „5.3.1 Read/ Write-Modus" beschrieben. Als

---

342 Vgl. GS1 Austria GmbH (2013,2).
343 Vgl. ibi research GmbH (2013).
344 Vgl. PayLife (2013).
345 Vgl. Quick (2013).

Experte für die Delphi-Befragung stand der Geschäftsführer Herr Stefan Pflaum zur Verfügung.

Wirtschaftskammer

Die Wirtschaftskammer Österreich (WKO) ist eine Körperschaft des öffentlichen Rechts, die sämtliche Interessen österreichischer Unternehmen vertritt. Sie wurde bereits im Jahr 1839, damals noch unter dem Namen „Österreichischer Gewerbeverein", in Wien gegründet. Die WKO betreibt einen „Arbeitskreis NFC", der sich mit allen Belangen dieser Thematik aus politiknaher Sicht beschäftigt.[346] Als Experte für die Delphi-Befragung stand Herr Reinhold Bierbaumer, der Leiter des Arbeitskreises NFC bei der WKO, zur Verfügung

Befragungsphase

Am 29. Januar 2013 wurden insgesamt 30 Experten angeschrieben. Als Kommunikationsmedien wurden dabei Email und das soziale Netzwerk Xing[347] gewählt. Elf erklärten sich zu Beginn bereit, an der Befragung teilzunehmen. Die Delphi-Befragung fand im Zeitraum vom 29. Januar 2013 bis zum 09. April 2013 statt und bestand aus einer qualitativen und zwei quantitativen Runden. Im nächsten Abschnitt werden die Ergebnisse dargestellt.

1. Runde (qualitativ)

Die Einladungen zur 1. Runde wurden am 29. Januar 2013 per Email versandt. Die erste Befragungsrunde lief bis zum 15. Februar 2013.

Fragebogen 1. Runde

Die Fragen der 1. Runde sind in Tabelle 8 ersichtlich.

Tabelle 8: Fragebogen Delphi-Befragung – 1. Runde

1	Was sind Ihres Erachtens Gründe, warum sich NFC im Handel bisher noch nicht durchgesetzt hat?
2	Was sind die größten Vorteile von NFC – speziell im Bereich des Handels – im Vergleich zu anderen Techniken?
3	Welche Chancen bietet der Einsatz von NFC im Handel aus netzwerkökonomischer Sicht?
4	Welche Wertschöpfungskonstellationen könnten die Verbreitung von NFC begünstigen?
5	Denken Sie es gibt einzelne Bereiche in denen sich NFC nie durchsetzen wird, weil es mittlerweile etablierte Konkurrenztechnologien, wie bspw. QR-Codes, gibt?
6	Wie sehen Sie den Stand der technischen Entwicklung von NFC?
7	Rechtfertigt der ROI die Investitionskosten bei der Implementierung der NFC Technik?

---

346 Vgl. Wirtschaftskammer (2013).
347 Vgl. Xing (2013).

8	Welche Gruppen der Gesellschaft – gemäß dem Diffusionsmodell von Bass – haben Ihres Erachtens NFC bereits adaptiert?
9	Ist die kritische Masse an NFC Usern bereits erreicht?
10	Wann ist Ihrer Meinung nach mit einem Durchbruch von NFC zu rechnen? Warum genau zu diesem Zeitpunkt?
11	In welchen Bereichen des Handels sehen Sie Potential für den Einsatz von NFC?
12	Welchen Einfluss haben rechtliche Regulative auf Near Field Communication? Sind diese zu streng, oder besteht hierbei Nachbesserungsbedarf?

Im Rahmen der ersten, qualitativen Befragungsrunde wurden zusätzlich Kompetenzfragen eingebaut, um eventuelle, mangelhafte Expertisen zu identifizieren. Dazu wurde zum einen der Hintergrund der Erfahrung mit NFC und zum anderen die Dauer der geschäftlichen Auseinandersetzung mit der Thematik NFC erfragt. Wie sich zeigte, verfügten alle Experten über das nötige Fachwissen.

Rücklaufquote 1. Runde

Zu Beginn der Befragung wurden 30 Experten angeschrieben. Elf erklärten sich bereit an der Befragung teilzunehmen. Die Kooperationsrate liegt somit bei ca. 37%.

Ergebnis 1. Runde

Die Auswertung der Antworten der 1. Runde hat gezeigt, dass die Fragen nach den Chancen der Technik aus netzwerkökonomischer Sicht, nach der Adaption gemäß dem Bass-Modell und nach den rechtlichen Regulativen nur unzureichend beantwortet wurden. Diese Fragestellungen wurden daher in der nächsten Fragerunde nicht weiter verfolgt.

Andere Aspekte zeigten hingegen schon in der ersten Runde einen deutlichen Konsens. Als einzige Konkurrenztechnologie wurden QR-Codes im Printbereich genannt, der technische Entwicklungsstand wurde als ausgereift bezeichnet und die Frage nach der kritischen Masse mit „noch nicht erreicht" beantwortet. Auf Grundlage dieser Aussagen wurden Statements gebildet, die es in der Folgerunde mittels Ratingskalen zu bewerten galt. Die restlichen Fragen wurden unterschiedlich beantwortet. Diese Antworten wurden den Experten im Rahmen der zweiten Befragungsrunde in anonymisierter Form zur Bewertung vorgelegt.

2. Runde (quantitativ)

Die Einladungen zur 2. Runde wurden am 11. März 2013 per Email versandt. Die Fragebögen wurden bis zum 26. März 2013 ausgefüllt.

Fragebogen 2. Runde

Die Fragen und Auswahloptionen der 2. Runde sind in Tabelle 9 auf der nächsten Seite ersichtlich.

Tabelle 9: Fragebogen Delphi-Befragung – 2. Runde

1	In der ersten Fragerunde wurden Sie befragt, warum sich NFC bisher noch nicht im Handel durchsetzen konnte. Im Anschluss finden Sie die am häufigsten genannten Antworten. Nennen Sie bitte die drei wichtigsten Argumente.	- Bedenken bezüglich des Datenschutzes - „Henne-Ei-Problem" - zu wenig NFC-fähige Smartphones - ungeklärtes Erlösmodell - hohe Kosten für NFC-Terminals - mangelnde Kundenakzeptanz
2	In der ersten Fragerunde wurden Sie befragt, was die größten Vorteile von NFC im Vergleich zu anderen Techniken sind. Im Anschluss finden Sie die am häufigsten genannten Antworten. Nennen Sie bitte die drei wichtigsten Argumente.	- Geschwindigkeit - Einfache Handhabung - Sicherheit - Permanente Verfügbarkeit - Intuitive Nutzung
3	Während der ersten Befragungsrunde wurde häufig eine unklare Wertschöpfungskonstellation angeführt. Welcher Teil (welche Teile) des NFC-Ökosystems sollte(n) bei der Wertschöpfungskonstellation im Zentrum stehen?	- Banken - MNOs - Handel - Keine Aussage möglich - Sonstiges
4	Bitte beurteilen Sie das folgende Statement: *„NFC ist den meisten Konkurrenztechnologien überlegen. Lediglich QR-Codes stellen im Printbereich eine ernstzunehmende Konkurrenz dar."*	1 (ich stimme dem Statement überhaupt nicht zu) – 2 – 3 – 4 – 5 (ich stimme dem Statement absolut zu)
5	Bitte beurteilen Sie das folgende Statement: *„NFC ist technisch ausgereift."*	1 (ich stimme dem Statement überhaupt nicht zu) – 2 – 3 – 4 – 5 (ich stimme dem Statement absolut zu)
6	Bitte beurteilen Sie das folgende Statement: *„Die kritische Masse an NFC-Usern ist bereits erreicht"*	1 (ich stimme dem Statement überhaupt nicht zu) – 2 – 3 – 4 – 5 (ich stimme dem Statement absolut zu)
7	In der ersten Fragerunde wurden Sie befragt, wo Sie das größte Potential für einen Einsatz von NFC sehen. Im Anschluss finden Sie die am häufigsten genannten Antworten. Nennen Sie bitte die drei wichtigsten Argumente.	- Payment - Loyalty - Couponing - Check-In Funktion - Sammeln von Kundendaten - Cross-Selling
8	Bitte beurteilen Sie das folgende Statement: *„Im Zusammenhang mit NFC sind strengere rechtliche Regulative notwendig"*	1 (ich stimme dem Statement überhaupt nicht zu) – 2 – 3 – 4 – 5 (ich stimme dem Statement absolut zu)
9	Während der ersten Fragerunde wurden zusätzlich einige Argumente angebracht, die einen Durchbruch von NFC begünstigen könnten. Nennen Sie bitte die drei wichtigsten Argumente.	- Einführung NFC-fähiger Maestro-Karten - NFC-fähiges iPhone - Einführung der TSM-Infrastruktur bei den MNOs - Mehr NFC-fähige Smartphones auf dem Markt - Mehr NFC-fähige POSs im Handel

Rücklaufquote 2. Runde

Vor dieser Befragungsrunde beteiligten sich elf Experten an der Umfrage. Acht davon beantworteten den Fragebogen der 2. Runde. Die Rücklaufquote der 2. Runde liegt somit bei 72,7% und die Abbruchrate bei 27,3%. Ein Grund für den Ausstieg einiger Experten könnte die von Häder, M. (2009) genannte „Kompetenz-Hypothese" sein.

Ergebnis 2. Runde

Die Auswertung der Antworten der 2. Runde hat gezeigt, dass auch hier einige Fragen einheitlich beantwortet wurden. Bei anderen zeigte sich allerdings auch eine deutliche Divergenz.

Auf die Frage nach den Gründen, die einer Verbreitung im Handel bisher im Wege standen, wurden hauptsächlich die Aspekte „Henne-Ei-Problem", „Zu wenig NFC-fähige Smartphones am Markt" und „Ungeklärtes Erlösmodell" genannt. Bei der Frage nach den Vorteilen von NFC im Vergleich zu anderen Techniken wurden mehrheitlich die Punkte „Geschwindigkeit" und „Einfache Handhabung" genannt. Als zusätzliche Treiber für den Durchbruch von NFC wurden die Argumente „mehr NFC-fähige Smartphones auf dem Markt"[348] im Allgemeinen und ein „NFC-fähiges iPhone"[349] im Speziellen genannt. Die größten Einsatzpotentiale sehen die Experten in den Bereichen Payment, Loyalty und Couponing.

Die Frage nach der Wertschöpfungskonstellation lieferte kein einheitliches Ergebnis. Das Statement zur Überlegenheit von NFC gegenüber bestehenden Konkurrenztechnologien konnte ebenfalls nicht eindeutig beantwortet werden. Die Hälfte der Befragten bewertet das Statement indifferent. Der Rest zu gleichen Teilen positiv und negativ.

Dem Statement „NFC ist technisch ausgereift" stimmen 62,5% der Experten zu.[350] 100% der Befragten stimmten überein, dass die kritische Masse an NFC-Usern noch nicht erreicht ist.[351] Auch das Statement „Im Zusammenhang mit NFC sind strengere rechtliche Regulative notwendig" lieferte kein eindeutiges Ergebnis. Die Mehrheit der Befragten lehnt das Statement jedoch ab.[352] Lediglich ein Befragter spricht sich explizit dafür aus.

Nach Abschluss der zweiten Befragungsrunde konnten für die dritte Runde die restlichen Statements gebildet werden. Mit der dritten Runde wurde somit das Abbruchkriterium erreicht und die Befragung wurde nach deren Abschluss beendet.

---

348 4/8 Experten.
349 4/8 Experten.
350 5/8 Experten.
351 8/8 Experten.
352 5/8 Experten.

3. Runde (quantitativ)

Die Einladungen zur 3. Runde wurden am 04. April 2013 per Email und über das Netzwerk Xing versandt. Die Fragebögen wurden bis zum 09. April 2013 ausgefüllt.

Fragebogen 3. Runde

Im Rahmen der 3. Runde galt es, Statements mittels Ratingskalen zu bewerten. Diese Statements sind in Tabelle 10 ersichtlich. Zudem gab es eine Trendprognose zum Jahr des Durchbruchs von NFC.

Tabelle 10: Fragebogen Delphi-Befragung – 3. Runde

1	Bitte beurteilen Sie das folgende Statement: *"Das Henne-Ei-Problem ist einer der Hauptgründe, dass sich NFC bisher noch nicht durchsetzen konnte."*	1 (ich stimme dem Statement überhaupt nicht zu) – 2 – 3 – 4 – 5 (ich stimme dem Statement absolut zu)
2	Bitte beurteilen Sie das folgende Statement: *"Das ungeklärte Erlösmodell ist einer der Hauptgründe, dass sich NFC bisher noch nicht durchsetzen konnte."*	1 (ich stimme dem Statement überhaupt nicht zu) – 2 – 3 – 4 – 5 (ich stimme dem Statement absolut zu)
3	Bitte beurteilen Sie das folgende Statement: *"Der Mangel an NFC-fähigen Smartphones ist einer der Hauptgründe, dass sich NFC bisher noch nicht durchsetzen konnte."*	1 (ich stimme dem Statement überhaupt nicht zu) – 2 – 3 – 4 – 5 (ich stimme dem Statement absolut zu)
4	Bitte beurteilen Sie das folgende Statement: *"Einer der größten Vorteile von NFC im Vergleich zu anderen Techniken ist die Geschwindigkeit."*	1 (ich stimme dem Statement überhaupt nicht zu) – 2 – 3 – 4 – 5 (ich stimme dem Statement absolut zu)
5	Bitte beurteilen Sie das folgende Statement: *"Einer der größten Vorteile von NFC im Vergleich zu anderen Techniken ist die einfache Handhabung."*	1 (ich stimme dem Statement überhaupt nicht zu) – 2 – 3 – 4 – 5 (ich stimme dem Statement absolut zu)
6	Bitte beurteilen Sie das folgende Statement: *"Eines der größten Potentiale von NFC liegt im Payment-Bereich."*	1 (ich stimme dem Statement überhaupt nicht zu) – 2 – 3 – 4 – 5 (ich stimme dem Statement absolut zu)
7	Bitte beurteilen Sie das folgende Statement: *"Eines der größten Potentiale von NFC liegt im Einsatz von Loyalty-Optionen."*	1 (ich stimme dem Statement überhaupt nicht zu) – 2 – 3 – 4 – 5 (ich stimme dem Statement absolut zu)
8	Bitte beurteilen Sie das folgende Statement: *"Eines der größten Potentiale von NFC liegt im Einsatz von Couponing-Optionen."*	1 (ich stimme dem Statement überhaupt nicht zu) – 2 – 3 – 4 – 5 (ich stimme dem Statement absolut zu)
9	Bitte beurteilen Sie das folgende Statement: *"Der Eintritt von Apple in den Markt für NFC wird einen Durchbruch der Technik begünstigen."*	1 (ich stimme dem Statement überhaupt nicht zu) – 2 – 3 – 4 – 5 (ich stimme dem Statement absolut zu)

10	Bitte beurteilen Sie das folgende Statement: "Mehr NFC-fähige Smartphones auf dem Markt werden einen Durchbruch der Technik begünstigen."	1 (ich stimme dem Statement überhaupt nicht zu) – 2 – 3 – 4 – 5 (ich stimme dem Statement absolut zu)
11	Trendprognose: In welchem Jahr wird NFC den Durchbruch schaffen?	2013 – 2014 – 2015 – 2016 – 2017 – 2018 oder später – nie

Rücklaufquote 3. Runde

Vor dieser Befragungsrunde beteiligten sich acht Experten an der Umfrage. Alle acht beantworteten auch den Fragebogen der 3. Runde. Die Rücklaufquote liegt somit bei 100% und die Abbruchrate bei 0%.

Ergebnis 3. Runde

Die Auswertung der Antworten der 3. Runde hat gezeigt, dass sich eindeutige Übereinstimmungen Im Antwortverhalten zeigen und Trends zu erkennen sind. Das „Henne-Ei-Problem"[353], der Mangel an NFC-fähigen Smartphones[354] und das ungeklärte Erlösmodell[355] wurden als die Hauptgründe, dass sich NFC bisher noch nicht durchsetzen konnte, bestätigt. Die Argumente „einfache Handhabung"[356] und „Geschwindigkeit"[357] wurden als größte Vorteile von NFC im Vergleich zu anderen Techniken genannt. Die größten Potentiale von NFC sahen die Experten im Payment-Bereich[358], beim Einsatz von Loyalty-Optionen[359] und beim Einsatz von Couponing-Optionen[360]. Die Verbreitung von NFC-fähigen Smartphones[361] und der Eintritt von Apple in den Markt für NFC – und damit ein NFC-fähiges iPhone – wurden als wichtigste Treiber für eine Verbreitung der Technik von den Experten genannt.

Zuletzt beinhaltete die dritte Fragerunde auch eine Trendprognose. Auf die Frage nach dem Jahr des Durchbruchs von NFC antworteten die Experten uneinheitlich. Jeweils zwei von acht nannten die Antworten „2014", „2015", „2016" oder „2018 oder später". Da in dieser Runde alle restlichen Statements gebildet und abgefragt werden konnten, wurde das Abbruchkriterium erreicht und die Befragung wurde nach dieser Runde beendet.

---

353 Mittelwert 3,88.
354 Mittelwert 3,75.
355 Mittelwert 3,50.
356 Mittelwert 4,13.
357 Mittelwert 3,75.
358 Mittelwert 4,63.
359 Mittelwert 4,13.
360 Mittelwert 3,88.
361 Mittelwert 4,13.

Auswertung der Ergebnisse

Es zeigte sich eine starke Korrelation zwischen den Ergebnissen des theoretischen und denen des empirischen Teils. Die vermuteten Zusammenhänge konnten somit größtenteils bestätigt werden.

Während der ersten Befragungsrunde zeigte sich, dass die Fragen nach den Chancen der Technik aus netzwerkökonomischer Sicht, nach der Adaption gemäß dem Bass-Modell und nach den rechtlichen Regulativen nur unzureichend beantwortet wurden. Das Feld der Experten war überwiegend durch Praktiker geprägt. Der Anteil an Theoretikern, also an Personen, die sich explizit mit der akademischen Forschung im Zusammenhang mit NFC beschäftigten, war gering. Eine Erklärung für das Antwortverhalten könnte somit der zuvor beschriebene "pro innovation bias" sein. Zudem war kein ausgewiesener Experte aus dem juristischen Bereich unter den Befragten.

Als größte Hemmnisse, die einer Verbreitung der Technik bisher im Wege standen, wurden das „Henne-Ei-Problem", das ungeklärtes Erlösmodell und der Mangel an NFC-fähigen Smartphones genannt. Bis auf den ersten Aspekt wurden diese Hemmnisse auch schon im theoretischen Teil der Arbeit identifiziert und konnten somit verifiziert werden. Das „Henne-Ei-Problem" wurde von den meisten Experten angebracht. Da es in der theoretischen Literatur so nicht zu finden ist, scheint es sich dabei um ein praxisnahes Problem zu handeln.

Als größte Vorteile wurden die Punkte Geschwindigkeit und einfache Handhabung genannt. Die größten Potentiale sehen die Experten in den Einsatzbereichen Payment, Loyalty und Couponing. Die größten Treiber, die einen Durchbruch der Technik begünstigen könnten sind mehr NFC-fähige Smartphones im Allgemeinen und ein Eintritt von Apple in den Markt für NFC – und damit ein NFC-fähiges iPhone – im Speziellen. All diese Aspekte konnten auch schon im theoretischen Teil identifiziert werden und wurden durch das Ergebnis des empirischen Teils bestätigt. Zudem sind sich die Experten darüber einig, dass die technische Entwicklung von Near Field Communication ausgereift und die kritische Masse an NFC-Usern noch nicht erreicht ist.

Als symptomatisch für die aktuelle Situation von NFC können auch die Ergebnisse der Frage nach dem Jahr des Durchbruchs von NFC und nach einer möglichen Wertschöpfungskonstellation gesehen werden. Die Experten – allesamt Fachleute in jeweils einem Teilbereich des NFC-Ökosystems – waren sich bei der Frage nach dem Jahr des Durchbruchs absolut uneins. Ebenso auffällig war die Frage nach der Wertschöpfungskonstellation. Die Experten waren sich zwar darüber einig, dass das ungeklärte Erlösmodell eines der größten Hemmnisse für einen Durchbruch der Technologie darstellt, es konnte allerdings kein Konsens im Hinblick auf eine optimale Lösung gefunden werden.

Abschließend gilt es noch anzumerken, dass es sich zum Einen um eine Totalerhebung gehandelt hat und zum Anderen die Experten ganz bewusst ausgewählt wurden. Die Ergebnisse dürfen daher nicht inferenzstatistisch behandelt werden.

Eine Verallgemeinerung ist nicht zulässig. Die Ergebnisse spiegeln die Ansichten der Experten zum momentanen Zeitpunkt wider und können sich im Laufe der Zeit durchaus ändern.

Fazit

Im letzten Punkt dieser Arbeit werden die wichtigsten Aspekte und Ergebnisse nochmals zusammengefasst und es werden etwaige Schlussfolgerungen gezogen. Zum Ende wird ein Ausblick auf potentielle, zukünftige Entwicklungen von NFC gegeben.

Zusammenfassung

Ziel dieser Arbeit war einerseits Geschäftspotentiale von Near Field Communication (NFC) im Handel zu identifizieren, andererseits sollten allerdings auch mögliche Faktoren herausgearbeitet werden, die einer großflächigen Verbreitung bisher im Wege gestanden haben.

Im theoretischen Teil – der mittels einer interdisziplinären Literaturrecherche erarbeitet wurde – wurden in einem ersten Schritt die technischen Hintergründe betrachtet. Dabei gab es zwei Exkurse: einen zur ökonomischen Rolle von Standards und einen zur wirtschaftlichen Bedeutung von Kryptologie. Anschließend wurden Geschäftspotentiale von NFC im Handel identifiziert, wobei sich der Inhalt der Arbeit auf die beiden Punkte Marketing und Payment konzentrierte. Als letzten Abschnitt des theoretischen Teils wurden mögliche Risikofaktoren herausgearbeitet. Im darauf folgenden empirischen Teil wurden, mittels einer Delphi-Befragung unter Experten, die theoretischen Ergebnisse des ersten Teils verifiziert und ergänzt.

Im Laufe des empirischen Teils hat sich gezeigt, dass es eine deutliche Übereinstimmung mit den Ergebnissen des theoretischen Teils gibt. Ein Großteil der Ergebnisse des theoretischen Teils konnte bestätigt werden.

Schlussfolgerungen

Es hat sich gezeigt, dass der Einsatz von NFC im Handel einen großen Mehrwert an Nutzen mit sich bringt. Bereits bestehende Systeme können vereinfacht werden und die Technik bietet außerdem das Potential, als Trägertechnologie für zukünftige Innovationen aufzutreten. Die Verbreitung von NFC in der Praxis ist allerdings – trotz ausgereifter Technik – bisher nur sehr beschränkt.

Das ist auf verschiedene, im Laufe dieser Arbeit identifizierte, Ursachen zurückzuführen. Einer der wichtigsten Gründe ist allerdings, dass es kaum möglich ist den Mehrwert von NFC im Vergleich zu anderen, bereits etablierten Systemen, quantitativ zu erfassen. Daher ist es verständlich, dass viele Firmen der Technik nach wie vor skeptisch gegenüberstehen.

Ausblick und weitere Forschungsansätze

Wie sich die Verbreitung von NFC zukünftig entwickeln wird, ist schwierig zu prognostizieren. Auf der einen Seite bietet die NFC-Technik vielfältige Potentiale für den Handel, auf der anderen Seite gilt es allerdings anzumerken, dass es offensichtlich nach wie vor an Akzeptanz fehlt. Und das, obwohl die Technik jetzt schon seit mehreren Jahren existiert und auch ausgereift ist. Wie ganz zu Beginn dieser Arbeit bereits beschrieben, wird NFC seit dem Jahr 2005 alljährlich zu den größten Trends im Konsumbereich gezählt. Es wird sich zeigen, welchen Einfluss der Markteintritt von einigen großen Firmen im Jahr 2013 haben wird. Es ist auf jeden Fall damit zu rechnen, dass NFC dadurch wieder mehr in den Fokus der Öffentlichkeit gerückt wird. Wie sich dieser Trend allerdings langfristig entwickeln wird, bleibt abzuwarten. Das bestätigt auch die Frage nach dem Jahr des Durchbruchs im Rahmen der Delphi-Befragung. Die Experten konnten sich dabei auf kein Jahr einigen.

Die weitere Entwicklung von NFC ist auch vor dem Kontext des technischen Fortschritts zu beurteilen. Es gibt noch viel Raum für zukünftige Forschungsansätze. Wird der Einsatz von UbiComp-Techniken zukünftig wirklich exponentiell ansteigen, wie von manchen Fachleuten prognostiziert? Was wird sich mit der Einführung des Mobilfunknetzes der vierten Generation (4G) und des neuen Mobilfunkstandards LTE ändern? Wird es tatsächlich einen Multiplikatoreffekt geben, wenn sich Apple als einer der größten Over-the-Top Player dazu entschließt auch auf NFC zu setzen? Wird es bald eine andere Technik geben, die noch größeres Potential als NFC bietet und zusätzlich von Anfang an volle Akzeptanz sowohl im Handel als auch bei den Kunden genießt?

Im Vorwort dieser Arbeit wurde der französische Schriftsteller Victor Hugo zitiert, der einmal sagte, es würde nichts mächtigeres geben, als eine Idee, deren Zeit gekommen ist. Im Rahmen dieser Ausarbeitung konnte gezeigt werden, dass das Potential der „Idee" NFC eindeutig vorhanden ist, somit stellt sich lediglich die Frage, wann deren Zeit – und damit der Durchbruch – kommen wird.

Abkürzungsverzeichnis

2G	Mobilfunknetz der 2. Generation
3G	Mobilfunknetz der 3. Generation
4G	Mobilfunknetz der 4. Generation
ao.	außerordentlicher
Abb.	Abbildung
Abs.	Absatz
AES	Advanced Encryption Standard
Anm.d.A.	Anmerkung des Autors
App	Applikation
APSS	Austrian Payment Systems Services
Art.	Artikel
ASA	Austrian Smart-Card Association
Auto-ID	Automatische Identifikation
B2C	Business-to-Consumer
BITKOM	Bundesverband Informationswirtschaft, Tele-kommunikation und neue Medien
BSI	Bundesamt für Sicherheit in der Informationstechnik
bspw.	beispielsweise
bzw.	beziehungsweise
ca.	circa
CASPIAN	Consumers Against Supermarket Privacy Invasion and Numbering
CBA	cost-benefit-analysis
CC	Cloud Computing
CeBIT	Centrum für Büroautomation, Informations-technologie und Tele-kommunikation
CEO	Chief Executive Officer
CFIP	Concern For Information Privacy
cm	Zentimeter
CNM	Center for Near Field Communication Management
COPACOBANA	Cost-Optimized Parallel Code Breaker
DEA	Data Encryption Algorithm
DES	Data Encryption Standard
DNS	Domain Name System
Dr.	Doktor
dt.	deutsch
eBusiness, e-Business	electronic Business
EC	Eurocheque
ECMA	European Computer Manufacturers Association
eCommerce, e-Commerce	electronic Commerce
EloKa	elektronischer Kampf
EPC	elektronischer Produktcode
EPCglobal	globaler, elektronischer Produktcode
eService	electronic Service
et al.	et alii / et aliae
etc.	et cetera
EU	Europäische Union

f	folgende
ff	fort folgende
FH	Fachhochschule
GByte/S	Gigabyte/Sekunde
GC	Grid Computing
GG	Grundgesetz
GesmbH, GmbH	Gesellschaft mit beschränkter Haftung
GPS	Global Positioning System
GS1	Global Standards One
GSM	Global System for Mobile Communications
GSMA	Global System for Mobile Communications Association
HTTP	Hypertext Transfer Protocol
Hrsg.	Herausgeber
i.A.a.	in Anlehnung an
i.d.R.	in der Regel
i.V.m.	in Verbindung mit
ICANN	Internet Corporation for Assigned Names and Numbers
ICC	Integrated Circuit Card
IEEE	Institute of Electrical and Electronics Engineers
IFF	identification, friend or foe
IKT	Informations- und Kommunikationstechnologie
iOS	Betriebssystem des Hard- und Softwareherstellers Apple für mobile Endgeräte
IoT	Internet of Things
IP	Internet Protocol
IPv4	Internet Protocol Version 4
IPv6	Internet Protocol Version 6
IrDA	Infrared Data Association
ISO/IEC	International Organization for Standardization / International Electrotechnical Commission
IT	Informationstechnik
KBit/S	Kilobit/Sekunde
KByte/S	Kilobyte/Sekunde
LBS	Location Based Services
LTE	Long Term Evolution
m	Meter
max.	maximal
MB	Megabyte
MB/S	Megabyte/Sekunde
MHz	Mega Hertz
MIT	Massachusetts Institute of Technology
mm	Millimeter
mPayment	mobile Payment
Mrd.	Milliarden
mSek	Millisekunde
MWC	Mobile World Congress
NDEF	NFC Data Exchange Format
NFC	Near Field Communication

NFCIP	Near Field Communication Interface and Protocol
NGO	Non-Governmental Organization
NIC	National Intelligence Council
NIST	National Institute of Standards and Technology
NPO	Non-Profit Organization
o.J.	ohne Jahr
OeNB	Österreichische Nationalbank
ONS	Object Name Service
ÖPNV	öffentlicher Personennahverkehr
P2P	peer-to-peer
PARC	Palo Alto Research Center
PC	Personal Computer
pers.	persönlich
PGP	Pretty Good Privacy
PICC	Proximity coupling Card
PIN	Persönliche Identifikationsnummer
PKI	Public-Key-Infrastruktur
PM	Plattform Manager
POS	Point-of-Sale
Prof.	Professor
QR	Quick Reaction
RF	Radiofrequenz / Radiofrequency
RFID	Radio Frequency Identification
RIM	Research in Motion
RIVYERA	Redesign of the Increadibly Versatile Yet Energy-efficient, Reconfigurable Architecture
ROI	Return-on-Investment
RSA	Rivest, Shamir und Adleman
SD	Secure Digital
Sek.	Sekunde
SIG	Special Interest Group
SIGINT	Signals Intelligence
SIM	Subscriber Identity Module
SMS	Short Message Service
SoC	System on Chip
sog.	so genannten
SP	Service Provider
SSL	Secure Sockets Layer
TCP/IP	Transmission Control Protocol / Internet Protocol
u.a.	unter anderem
u.U.	unter Umständen
UbiComp	Ubiquitous Computing
UMTS	Universal Mobile Telecommunications System
UNO	United Nations Organization
URL	Uniform Resource Locator
US, USA	United States, United States of America
vgl.	vergleiche
VICC	Vicinity Coupling Card

vs.	versus
Wdg	Windung
WEP	Wired Equivalent Privacy
WiFi	Wireless Fidelity
WKO	Wirtschaftskammer Österreich
WLAN	Wireless Local Area Network
WPA2	Wi-Fi Protected Access 2
XML	Extensible Markup Language
z.B.	zum Beispiel

Quellenverzeichnis

Agrawal, P., Bhuraria, S. (2012): Near Field Communication, in: SETLabs Briefing, Vol. 10, Nr. 1, S. 67 - 74.

Ahlert, D. et al. (2007): Internetökonomie und Hybridität, Arbeitsberichte Internetökonomie, Westfälische Wilhelms-Universität, Münster.

Albers, M. (2005): Informationelle Selbstbestimmung, 1. Auflage, Nomos Verlagsgesellschaft, Baden-Baden.

Al-Ofeishat, H., Rababah, M. (2012): Near Field Communication (NFC), in: IJCSNS International Journal of Computer Science and Network Security, Vol. 12, Nr. 2, S. 93 - 99.

Apple (2012): Siri, URL: http://www.apple.com/de/iphone/features/siri.html (aufgerufen am 09.06.2012).

Ariyavisitakul, S. et al. (2012): LTE-Advanced and 4G Wireless Communications, in: IEEE Communications Magazine, Vol. 2/2012, S. 102 - 103.

Arnold, D. (1994): Lexikon der ägyptischen Baukunst, Artemis Verlags AG, Zürich.

Ashton, K. (2009): In the real world, things matter more than ideas, RFID Journal, URL: http://www.rfidjournal.com/article/view/4986 (aufgerufen am 26.05.2012).

Atteslander, P. (2008): Methoden der empirischen Sozialforschung, 12. Auflage, Erich Schmidt Verlag GmbH & Co. KG, Berlin.

Atzori, L. et al. (2010): The internet of things - a survey, in: Computer Networks, Vol. 54, Nr. 15, S. 2787 - 2805.

Austriacard (2012): About Austria Card, URL: http://www.austriacard.at/acarticle.jsp (aufgerufen am 08.03.2012).

Bass, F. (1969): A New Product Growth for Model Consumer Durables, in: Management Science, Vol. 15, Nr. 5, S. 215 - 227.

Bass, F. (2004): Comments on "A New Product Growth for Model Consumer Durables", in: Management Science, Vol. 50, Nr. 12, S. 1833 - 1840.

Batinic, B. (2003): Datenqualität bei internetbasierten Befragungen, in: Theobald, A. et al. (2003): Online-Marktforschung, 2. Auflage, Wiesbaden, S. 143-160.

Bauer, K. (2003): IPV6 - Das Internetprotokoll der nächsten Generation, URL: http://comment.univie.ac.at/03-1/35/, (aufgerufen am 29.05.2012).

Bauersachs, I., Gruntz, D. (2010): Touch'n pay – ein Feldversuch, in: IMVS Fokus Report 2010, S. 37-42.

Berendt, G. (1994): Elemente der Kryptologie, in: Mathematische Aspekte der angewandten Informatik, Spektrum Akademischer Verlag, S. 135 - 154.

Beyers, R. et al. (2011): An NFC-based Customer Loyalty System, in: MOBILITY 2011.

BIPA (2012): Unternehmen, URL: http://news.bipa.at/Unternehmen/BIPA_GmbH/BIPA/bpms_Content.aspx (aufgerufen am 16.06.2012).

BITKOM, et al. (2006): Gemeinsame Stellungnahme zu der Entschließung der 72. Konferenz der Datenschutzbeauftragten des Bundes und der Länder „Verbindliche Regelungen für den Einsatz von RFID-Technologien", URL: http://www.bitkom.org/files/documents/Gemeinsame_Stellungnahme_Datenschutz.pdf (aufgerufen am 30.05.2012).

BITKOM (2010): Connected Worlds, URL: http://www.bitkom.org/files/documents/BITKOM_Connected_Worlds_Extranet.pdf (aufgerufen am 28.05.2012).

Bless, R. et al. (2005): Sichere Netzwerkkommunikation, Springer-Verlag, Berlin.

Bluetooth (2012): Our History, URL: http://www.bluetooth.com/Pages/History-of-Bluetooth.aspx (aufgerufen am 12.06.2012).

BSI (o.J.): Abhörmöglichkeiten der Kommunikation zwischen Lesegerät und Transponder am Beispiel eines ISO 14443-Systems, Whitepaper, URL: https://www.bsi.bund.de/SharedDocs/Downloads/DE/BSI/ElekAusweise/RFID/Abh_RFID_pdf.pdf?__blob=publicationFile (aufgerufen am 24.06.2012).

BSI (2005): Risiken und Chancen des Einsatzes von RFID-Systemen, URL: https://www.bsi.bund.de/SharedDocs/Downloads/DE/BSI/ElekAusweise/RFID/RIKCHA_barrierefrei_pdf.pdf?__blob=publicationFile (aufgerufen am 24.06.2012).

BSI (2008): Messung der Abstrahleigenschaften von RFID-Systemen (MARS), URL: https://www.bsi.bund.de/SharedDocs/Downloads/DE/BSI/ElekAusweise/RFID/Mars_Teilbericht_1 Therorie_pdf.pdf?__blob=publicationFile. (aufgerufen am 24.06.2012).

Bundesverfassungsgericht (1983): BvR 209/83: Volkszählung.

Canalys (2012): Smart phones overtake client PCs in 2011, URL: http://www.canalys.com/newsroom/smart-phones-overtake-client-pcs-2011 (aufgerufen am 16.06.2012).

Cavoukian, A. (2011): Mobile Near Field Communications (NFC) "Tap 'n Go", URL: http://www.ipc.on.ca/images/Resources/mobile-nfc.pdf (aufgerufen am 20.06.2012).

CASPIAN (2005): Overview of CASPIAN, URL: http://www.nocards.org/ press/overview.shtml (aufgerufen am 20.06.2012).

Center for NFC Management (2013): Homepage, URL: http://www.cnm.uni-hannover.de (aufgerufen am 08.03.2013).

Chandler, A. (1962): Strategy and Structure: Chapters on the History of the Industrial Enterprise, M.I.T. Press.

Chip Online (2008): Nokia 6131: Erstes NFC-Handy in Deutschland, URL: http://www.chip.de/news/Nokia-6131-Erstes-NFC-Handy-in-Deutschland_30980557.html (aufgerufen 07.06.2012).

Chip Online (2011): Zwei neue Standards, viele Anwendungen, URL: http://business.chip.de/artikel/Bluetooth-steht-vor-einer-Fuelle-neuer-Anwendungen-2_51643374.html (aufgerufen am 21.05.2012).

Clark, S. (2010,1): NFC Business Modells, SJB Research, Tywyn.

Clark, S. (2010,2): The Road to Commercial Deployment, SJB Research, Tywyn.

Clark, S. (2012,1): NFC Technologies and Systems, SJB Research, Tywyn.

Clark, S. (2012,2): The NFC Market 2012, SJB Research, Tywyn.

Computerwoche (2012): Gartner stellt neuen Hype Cycle vor, URL: http://www.computerwoche.de/software/bi-ecm/2520636/ (zuletzt aufgerufen am 04.12.2012).

COPACOBANA (2008): Homepage, URL: http://www.copacobana.org (zuletzt aufgerufen am 04.12.2012).

Copeland, J. (2004): The Essential Turing, Oxford University Press.

Cuozzo, F. et al. (2009): Contactless Payment with RFID and NFC, in Symonds, J. (Hrsg.): Ubiquitous and Pervasive Computing: Concepts, Methodologies, Tools, and Applications, IGI Global, S. 715 - 721.

Daemen, J., Rijmen, V. (2000): AES Proposal, Rijndael, in: Technical Report, National Institute of Standards and Technology (NIST).

Deichsel, S. (2007): Wissenskulturen - was kann die ökonomische Theorie der Standards beitragen?, in: Sandkühler, H. (Hrsg.): Philosophie und Geschichte der Wissenschaften: Band 66 - Repräsentation und Wissenskulturen, Internationaler Verlag der Wissenschaften Peter Lang, Frankfurt am Main, S. 99 - 117.

Denso Wave (2010): About QRcode.com, URL: http://www.qrcode.com/ en/index.html (aufgerufen am 12.06.2012).

Deutsches Patent- und Markenamt (1969): Patentschrift DE000001945777A.

Die Presse (2011): Facebook: Ende für "Places" auf Handys, URL: http://diepresse.com/home/techscience/internet/687770/Facebook_Ende-fuer-Places-auf-Handys (aufgerufen am 9.06.2012).

Dierks, S., Ploss, D. (o.J.): Coupon-Arten, URL: http://www.marketing.ch/wissen/couponing/couponarten.pdf (aufgerufen am 20.06.2012).

Diner's Club (2011): Der Werdegang der ersten Kreditkarte der Welt, URL: http://www.dinersclub.at/ueber-uns/geschichte/ (aufgerufen am 15.06.2012).

Diner's Club (2012): Homepage, URL: http://www.dinersclub.de (aufgerufen am 09.07.2012).

ECMA 340 (2008): Near Field Communication Interface and Protocol - 1 (NFCIP-1), URL: http://www.ecma-international.org/publications/files/drafts/ tc47-2008-002.pdf (aufgerufen am 11.06.2012).

ECMA 352 (2010): Near Field Communication Interface and Protocol - 2 (NFCIP-2), URL: http://www.ecma-international.org/publications/files/ECMA-ST/ECMA-352.pdf (aufgerufen am 11.06.2012).

ECMA International (2012): History of ECMA, URL: http://www.ecma-international.org/memento/history.htm (aufgerufen am 11.06.2012).

EE|Times (2011): Google joins NFC Forum as 'principal' member, URL: http://www.eetimes.com/electronics-news/4214656/Google-joins-NFC-Forum-as--principal--member (abgerufen am 07.06.2012).

Effing, W., Rankl, W. (2003): Smart Card Handbook, 3. Auflage, John Wiley & Sons Inc., Hoboken.

EMVCo (2009): Homepage, URL: http://www.emvco.com/default.aspx (aufgerufen am 12.06.2012).

Europarat (1950): Konvention zum Schutze der Menschenrechte und Grundfreiheiten.

Europäische Union (2010): Charta der Grundrechte der Europäischen Union.

Facebook (2012): Homepage, URL: http://www.facebook.com (aufgerufen am 23.06.2012).

Fill, C. (2001): Marketing-Kommunikation, 2. Auflage, Pearson Studium.

Finkenzeller, K. (2008): RFID Handbuch, 5. Auflage, Carl Hanser Verlag, München.

Fishbein, M. (1967): A Behavior Theory Approach to the Relations between Beliefs about an Object and the Attitude Toward the Object, in: Fishbein, M. (Hrsg.): Readings in Attitude Theory and Measurement, John Wiley & Sons Inc., New York.

Fleisch, E. (2005): Die betriebswirtschaftliche Vision des Internets der Dinge, in: Fleisch, E., Mattern, F. (Hrsg.): Das Internet der Dinge – Ubiquitous Computing und RFID in der Praxis, Springer Verlag, Berlin.

Fleisch, E., Thiesse, F. (2005): Wahrnehmung und Management RFID-bezogener Risiken für die informationelle Selbstbestimmung, in: Ferstl, O. et al. (Hrsg.): Wirtschaftsinformatik 2005, Physika-Verlag, Heidelberg, S. 1125 - 1143.

Flickr (2012): Homepage, URL: http://www.flickr.com (aufgerufen am 23.06.2012).

Forster, I. et al. (2008): Cloud Computing and Grid Computing 360-degree compared, in: Grid Computing Environments Workshop 2008, S. 1 - 10.

Foursquare (2012): Homepage, URL: https://de.foursquare.com/about/ new?from=hp (aufgerufen am 19.06.2012).

Franz, S. (2004): Grundlagen des ökonomischen Ansatzes: Das Erklärungskonzept des Homo Oeconomicus, Working Paper, URL: http://www.uni-potsdam.de/u/makrooekonomie/docs/studoc/stud7.pdf (aufgerufen am 27.06.2012).

Fressancourt, A. et al. (2009): NFCsocial: social networking in mobility through IMS and NFC, 2009 First International Workshop on Near Field Communication.

Friese, J. (2002): Offene Standards – Technologische Basis des Internet, in: Biethahn, J., Nomikos, M. (2002): Ganzheitliches E-Business, Oldenbourg Wissenschaftsverlag, München.

Fröhlich-Glantschnig, E. (2005): Berufsbilder in der Beschaffung. Ergebnisse einer Delphi-Studie, Deutscher Universitäts-Verlag, Wiesbaden.

Gabler Wirtschaftslexikon (2012,1): Innovation, URL: http://wirtschaftslexikon.gabler.de/Definition/innovation.html (aufgerufen am 24.06.2012).

Gabler Wirtschaftslexikon (2012,2): Point of Sale (POS), URL: http:// wirtschaftslexikon.gabler.de/Archiv/54807/point-of-sale-pos-v5.html (aufgerufen am 18.06.2012).

Gartner (2012): Hype Cycles, URL: http://www.gartner.com/technology/research/methodologies/hype-cycle.jsp (zuletzt aufgerufen am 04.12.2012).

Gernroth, J. (2008): Die Internet Corporation for Assigned Names and Numbers (ICANN) und die Verwaltung des Internets, TU Ilmenau Universitätsbibliothek, Ilmenau.

Gizmag (2012): Moore's Law: 40 and still going strong, URL: http://www.gizmag.com/go/3856/ (aufgerufen am 10.07.2012).

Golbeck, J., Hendler, J. (2008): Metcalfe's law, Web 2.0, and the Semantic Web, in: Journal of Web Semantics, Vol. 6, Nr. 1, S. 14 - 20.

Golem (2010): Bluetooth 4.0: Mehr Reichweite und weniger Stromverbrauch, URL: http://www.golem.de/1004/74635.html (aufgerufen am 11.06.2012).

Google Wallet (2012): How it works, URL: http://www.google.com/wallet/how-it-works.html (aufgerufen am 06.06.2012).

GoQR.me (2012): Homepage, URL: http://goqr.me/de/ (aufgerufen am 18.06.2012).

Grassie, K. (2007): Easy handling and security make NFC a succes, in: Card Technologie Today.

Gruntz, D. (2011): NFC mit Android, in IMVS Fokus Report 2011.

GS1 Austria GmbH (2013, 1): GS1 Austria – The global language of business, URL: http://www.gs1.at/wir-ueber-uns/das-unternehmen (aufgerufen am 08.03.2013).

GS1 Austria GmbH (2013, 2): GS1 Leistungen und Standards, URL: http://www.gs1.at/gs1-leistungen-a-standards (aufgerufen am 08.03.2013).

GSMA (2011): Socio-economic benefits of SIM-based NFC, URL: http://www.gsma.com/mobilenfc/wp-content/uploads/2012/03/gsmaboozstudysocioeconomicbenefitsofsimbasednfc1.pdf (aufgerufen am 09.06.2012).

GSMA (2012,1): SIM-based NFC case study – Western European Markets, URL: http://www.gsma.com/mobilenfc/wp-content/uploads/2012/03/gsmabooz cosimbasednfccasestudywesterneuropeanmarkets.pdf (aufgerufen am 09.06.2012).

GSMA (2012,2): The GSMA and Mobile NFC, URL: http://www.gsma.com/ mobilenfc/the-gsma-and-mobile-nfc/ (aufgerufen am 09.06.2012).

Häder, M. (2009): Delphi-Befragungen: Ein Arbeitsbuch, 2. Auflage, VS Verlag für Sozialwissenschaften, Wiesbaden.

Haluschak, B. (2012): IPv6-Netzwerkstandard offiziell gestartet, URL: http://www.tecchannel.de/netzwerk/lan/2039324/ipv4_adressen_ipv6_netzwerkstandard_offiziell_gestartet/ (aufgerufen am 06.06.2012).

Handelsblatt (2011): Handy-Bezahl-Revolution im zweiten Anlauf, URL: http://www.handelsblatt.com/technologie/it-tk/mobile-welt/nfc-handy-bezahl-revolution-im-zweiten-anlauf/3865394.html (aufgerufen am 16.06.2012).

Heise Mobil (2011): Blackberry-Smartphones mit NFC, URL: http://www.heise.de/mobil/meldung/Blackberry-Smartphones-mit-NFC-1236191.html (aufgerufen am 08.03.2013).

Ibi research GmbH (2013): Über uns, URL: http://www.ibi.de/ueber-uns.html (aufgerufen am 08.03.2013).

IEC (2012): About the IEC, URL: http://www.iec.ch/about/ (aufgerufen am 11.06.2012).

IEEE 802.11-2012 (2012): Part 11: Wireless LAN Medium Access Control (MAC) and Physical Layer (PHY) Specifications, URL: http://www.techstreet.com/cgi-bin/detail?vendor_id=4523&utm_source=external&utm_medium=pr& utm_campaign=2012_04_802.11_pr

Informationsforum RFID e.V. (2009): Basiswissen – Internet der Dinge, URL: http://www.info-rfid.de/info-rfid/content/e107/e127/e776/Basiswissen_IOT_ger.pdf (aufgerufen am 30.05.2012).

IrDA (2011): What is infrared?, URL: http://www.irda.org/ (aufgerufen am 12.06.2012).

ISO (2012): Key markers in ISO's history, URL: http://www.iso.org/iso/about/ the_iso_story.htm (aufgerufen am 11.06.2012).

IT Wissen (2012): eService (electronic service), URL: http://www.itwissen. info/definition/lexikon/E-Service-eService-electronic-service.html (aufgerufen am 23.07.2012).

IT Wissen (2013): Brute-Force-Angriff, URL: http://www.itwissen.info/ definition/lexikon/Brute-Force-Angriff-brute-force-attack.html (zuletzt aufgerufen am 16.01.2013).

Kaderali, F. et al. (2000): Sicherheit in Kommunikationsnetzen - einige Trends und Entwicklungen, in: e&i Elektrotechnik und Informationstechnik, Vol. 117, Nr. 6, S. 417 - 426.

Kadona (2012): Homepage, URL: http://www.kadona.com (aufgerufen am 08.05.2012).

Kantner, C et al. (2009): Risk Analysis of Over-the-Air Transactions in an NFC Ecosystem, First International Workshop on Near Field Communication.

Kaplan, R. (1984): The Evolution of Management Accounting, in: The Accounting Review, Vol. 59, Nr. 3, S. 390 - 418.

Kavas, A., Shimp, T. (1984): The Theory of Reasoned Action Applied to Coupon Usage, in: The Journal of Consumer Research, Vol. 11, Nr. 3, S. 795 - 809.

Kaymaz, F. (2011): User-Anonymität in Mobile Payment Systemen, Kassel University Press, Kassel.

Ketterer, K., Stroborn, K. (2002): Handbuch ePayment, Fachverlag Deutscher Wirtschaftsdienst GmbH & Co. KG, Köln.

Kerckhoffs, A. (1883): La cryptographie militaire, in: Journal des sciences militaires, Vol. 9, S. 5 - 38.

Kern, C. (2007): Anwendung von RFID-Systemen, 2. Auflage, Springer-Verlag, Berlin Heidelberg.

Kollmann, T. (2011): E-Business - Grundlagen elektronischer Geschäfts-prozesse in der Net Economy, 4. Auflage, Gabler Verlag, Wiesbaden.

Kooman, F., Verdult, R. (2011): Practical attacks on NFC enabled cell phones, Third International Workshop on Near Field Communication.

Kroeber-Riel, W. et al. (2009): Konsumentenverhalten, 9. Auflage, Verlag Franz Vahlen, München.

Küsters, R., Wilke, T. (2011): Moderne Kryptographie, 1 Auflage, Vieweg + Teubner Verlag, Wiesbaden.

Landt, J. (2001): Shrouds of Time - The history of RFID, in: AIM.

Landt, J. (2005): The history of RFID, in: IEEE Potentials, Vol. 24, Nr. 4, S. 8 - 11.

Langer, J., Roland, M. (2010): Anwendungen und Technik von Near Field Communication (NFC), Springer-Verlag, Berlin Heidelberg.

Liebowitz, S., Margolis, S. (1995): Path Dependence, Lock-In and History, in: Journal of Law, Economics and Organization, Vol. 11, Nr. 1, S. 205 - 226.

Lin, H., Luan, P. (2003): A Customer Loyalty Model for E-Service Context, in Journal of Electronic Commerce Research, Vol. 4, Nr. 4, S. 156 - 167.

MacRumors (2012): Next-Generation iPhone Prototypes Reportedly Support NFC for Mobile Payments, URL: http://www.macrumors.com/2012/06/25/next-generation-iphone-prototypes-reportedly-support-nfc-for-mobile-payments/ (aufgerufen am 25.06.2012).

Madlmayr, G. et al. (2008): Near Field Communication: State of Standardization, in Michahelles, F. (2008): First International Conference on The Internet of Things, Zürich, S. 10 - 15.

Madlmayr, G. (2009): Eine mobile Service Architektur für ein sicheres NFC Ökosystem, Dissertation, Johannes Kepler Universität Linz.

Mastercard Paypass (2012), URL: http://www.mastercard.com/de/privatkunden/products/products_paypass.html (aufgerufen am 06.06.2012).

Mattern, F. (2001): Pervasive/Ubiquitous Computing, Informatiklexikon, URL: http://www.gi.de/service/informatiklexikon/detailansicht/article/pervasiveubiquitous-computing.html (aufgerufen am 25.05.2012).

Mattern, F. (2005): Ubiquitous Computing: Eine Einführung mit Anmerkungen zu den sozialen und rechtlichen Folgen, in Taeger, J., Wiebe, A. (Hrsg.): Mobilität - Telematik - Recht, Köln, S. 1 - 34.

Mattern, F., Flörkemeier, C. (2010): Vom Internet der Computer zum Internet der Dinge, in: Informatik Spektrum, Vol. 33, Nr. 2, S. 107 - 121.

Mauerer, U. (1995): Kryptologie: eine neuartige Anwendung der Mathematik, in: Elemente der Mathematik, Vol. 50, S. 89 - 106.

METRO GROUP (2011): Initiative, URL: http://www.future-store.org/fsi-internet/html/de/718/index.html (zuletzt aufgerufen am 26.11.2012).

Moore, G. (1965): Cramming more components onto integrated circuits, in: Electronics, Vol. 38, Nr. 8, S. 114 - 117.

National Intelligence Council (2008): Global Trends 2025: A Transformed World, URL: http://www.dni.gov/nic/PDF_2025/2025_Global_Trends_Final_ Report.pdf (aufgerufen am 08.05.2012).

Netzwelt (2012): Apple iTV: Offenbar mit Siri und Gestensteuerung, URL: http://www.netzwelt.de/news/90727-apple-itv-offenbar-siri-gestensteuerung .html (aufgerufen am 29.05.2012).

NFC Forum (2007): The Keys to Truly Interoperable Communications, White Paper, URL: http://www.nfc-forum.org/resources/white_papers/nfc_forum_ marketing_white_paper.pdf (aufgerufen am 22.05.2012).

NFC Forum (2008): Essentials for Successful NFC Mobile Ecosystems, White Paper, URL: http://www.nfc-forum.org/resources/white_papers/NFC_Forum _Mobile_NFC_Ecosystem_White_Paper.pdf (aufgerufen am 11.06.2012).

NFC Forum (2009): Tag Types, White Paper, URL: http://www.nfc-forum.org/resources/white_ papers/NXP_BV_Type_Tags_White_Paper-Apr_09.pdf (aufgerufen am 30.05.2012).

NFC Forum (2011): Creating NFC Smart Posters, White Paper, URL: http://www.nfc-forum.org/resources/white_papers/NFC_Smart_Posters_ White_Paper.pdf (aufgerufen am 16.05.2012).

NFC Forum (2012,1): Certification, URL: http://www.nfc-forum.org/certification/ (aufgerufen am 24.06.2012).

NFC Forum (2012,2): Homepage, URL: http://www.nfc-forum.org (aufgerufen am 11.05.2012).

NFC Forum (o.J.): N-Mark Brandguide, URL: http://www.nfc-forum.org/resources/N-Mark/brandguide.pdf (aufgerufen am 16.05.2012).

NFC Handy (2012): Google und Foursquare präsentieren Check-in mit NFC Handy, URL: http://www.nfc-handy.eu/nfc-anwendungen/google-und-foursquare-prasentieren-check-in-mit-nfc-handy/ (aufgerufen am 19.06.2012).

NFC-Tag.de (2012): NFC Tag Typen, URL: http://www.nfc-tag.de/was-sind-nfc-tags/nfc-tag-typen/ (aufgerufen am 30.05.2012).

NFCWorld (2011): Google Wallet SingleTap payments and offers now available at eight US merchants, URL: http://www.nfcworld.com/2011/ 10/18/310748/google-wallet-singletap-payments-and-offers-now-available-at-eight-us-merchants/ (aufgerufen am 23.06.2012).

Nikitin, P., Rao, K. (2006): Performance Limitations of passive UHF RFID Systems, in: Proceedings of the IEEE Antennas and Propagation Symposium, S. 1011 - 1015.

NIST (2011): The NIST Definition of Cloud Computing, URL: http://pre-developer.att.com/home/learn/enablingtechnologies/The_NIST_Definition_of_Cloud_Computing.pdf (zuletzt aufgerufen am 16.01.2012).

No Cards (2004): Homepage, URL: http://www.nocards.org (zuletzt aufgerufen am 25.11.2012).

NXP Semiconductors (2012): Homepage, URL: http://www.nxp.com/ (aufgerufen am 10.07.2012).

Okoli, C., Pawlowski, S. (2004): The Delphi method as a research tool: an example, design considerations and applications, in: Information & Management, Vol. 42, S. 15-29.

OTS (2005): 25 Jahre: BIPA feiert Geburtstag, URL: http://www.ots.at/ presseaussendung/OTS_20050428_OTS0037/25-jahre-bipa-feiert-geburtstag (aufgerufen am 16.06.2012).

PayLife (2013): Wer wir sind, URL: http://www.paylife.at/web/content/de/ Home/Ueber_Europay/WerWirSind/index.html (aufgerufen am 08.03.2013).

PCWelt (2012): LTE, Bluetooth 4.0 und NFC-Chips, URL: http://www.pcwelt.de/ratgeber/LTE-Bluetooth-4-0-und-NFC-Chips-Smartphone-Technik-2012-5902001.html (aufgerufen am 24.06.2012).

Phactum (2013): Near Field Communication, URL: http://www.phactum.at/ index.php/services/nfc (aufgerufen am 08.03.2013).

Phil Zimmermann (o.J.): Homepage, URL: http://www.philzimmermann.com/ EN/background/index.html (zuletzt aufgerufen am 06.12.2012).

Philips (2012): Homepage, URL: http://www.philips.de/ (aufgerufen am 10.07.2012).

Ploss, D., Berger, A. (2002): Intelligentes Couponing - Planung, Umsetzung, Erfolgskontrolle, Galileo Press, Bonn.

Puffert, D. (2000): The Standardization of Track Gauge on North American Railways, 1830 - 1890, in: The Journal of Economic History, Vol. 60, Nr. 4, S. 933 - 960.

Quick (2013): Quick ganz quick, URL: http://www.quick.at/index-quick.php (aufgerufen am 08.03.2013).

RAND Corporation (2012): History and Mission, URL: http://www.rand.org/about/history.html (aufgerufen am 17.07.2012).

Reef (2011): How can early adopters drive change?, URL: http://www.refford.com/2011/02/how-can-early-adopters-drive-change/ (aufgerufen am 23.06.2012).

Renn, O. (1989): Risikowahrnehmung – Psychologische Determinanten bei der intuitiven Erfassung und Bewertung von technischen Risiken, in: Hosemann, G. (Hrsg.): Risiko in der Industriegesellschaft, Universitätsbibliothek, Nürnberg, S. 167 - 192.

Resatsch, F. (2009): Ubiquitous Computing, Springer Fachmedien, Wiesbaden.

RFID Journal (2012), URL: http//www.rfidjournal.com (aufgerufen am 16.05.2012).

Rogers, E. (2003): Diffusion of Innovations, 5. Auflage, Free Press, New York.

Roßnagel, A. (2005): Modernisierung des Datenschutzrechts für eine Welt allgegenwärtiger Datenverarbeitung, in: Multimedia und Recht, Heft 2, S. 71 - 75.

Roßnagel, A. (2007): Informationelle Selbstbestimmung in der Welt des Ubiquitous Computing, in: Mattern, F. (Hrsg.): Die Informatisierung des Alltags, Springer Verlag, Berlin, S. 265 - 289.

RSA Laboratories (2012): RSA-200 is factored!, URL: http://www.rsa.com/rsalabs/node.asp?id=2879 (zuletzt aufgerufen am 04.12.2012).

Ruhr-Universität Bochum - Fakultät für Elektrotechnik und Informationstechnik (2011): Hochleistungscluster RIVYERA, URL: http://www.ei.rub.de/fakultaet/banner/rivyera/ (zuletzt aufgerufen am 04.12.2012).

Sainsbury, R. (2001): Paradoxien, erweiterte Ausgabe, Philipp Reclam jun., Stuttgart.

Sarma, S. et al. (2001): Radio Frequency Identification and the Electronic Product Code, in: IEEE Micro, Vol. 21, Nr. 6, S. 50 - 54.

Sarma, S. et al. (2003): RFID Systems and Security and Privacy Implications, in Kaliski, B. (Hrsg.): Lecture Notes in Computer Science 2523, Springer-Verlag, Berlin, S. 454 - 469.

Schäfer, M. (2002): Wörterbuch der Biologie, 3. Auflage, Gustav Fischer Verlag, Jena.

Schoder, D. (1995): Erfolg und Misserfolg telematischer Innovationen: Erklärung der "Kritischen Masse" und weiterer Diffusionsphänomene, Gabler Verlag, Wiesbaden.

Singh, S. (2012): Geheime Botschaften - Die Kunst der Verschlüsselung von der Antike bis in die Zeiten des Internet, 11. Auflage, Deutscher Taschenbuch Verlag GmbH & Co. KG, München.

Skinner, B. (1965): Science and Human Behavior, The Free Press, New York.

Skype (2012): Homepage, URL: http://www.skype.de (aufgerufen am 17.11.2012).

Smith, E., Mackie, D. (2000): Social Psychology, 2. Auflage, Psychology Press, Philadelphia.

Snipscan (2012): Homepage, URL: https://www.snipscan.com/ (aufgerufen am 12.06.2012).

Sony (2012): Homepage, URL: http://www.sony.de/section/home (aufgerufen am 10.07.2012).

Spiekermann, S. (2009): RFID and privacy: what consumers really want and fear, in: Personal and Ubiquitous Computing, Vol. 13, Nr. 6, S. 423 - 434.

Spiekermann, S. et al. (2011): Street marketing: how proximity and context drive coupon redemption, Journal of Consumer Marketing, Vol. 28, Nr. 4, S. 280 - 289

Stockman, H. (1948): Communication by Means of Reflected Power, in: Proceedings of the I.R.E., Vol. 36, Nr. 10, S. 1196 - 1204.

Supportnet Computer (2012): Was ist NFC?, URL: http://www.supportnet.de/faqsthread/2388072 (aufgerufen am 06.06.2012).

SurveyMonkey (2012): Homepage, URL: http://www.surveymonkey.com (aufgerufen am 17.12.2012).

Symantec (2009): Global Internet Security Threat Report 2008: URL: http://eval.symantec.com/mktginfo/enterprise/white_papers/b-whitepaper_ internet_security_threat_report_xiv_04-2009.en-us.pdf (zuletzt aufgerufen am 20.06.2012).

Symantec (2010): Global Internet Security Threat Report 2009, URL: http://eval.symantec.com/mktginfo/enterprise/white_papers/b-whitepaper_internet_security_threat_report_xv_04-2010.en-us.pdf (aufgerufen am 20.06.2012).

Symantec (2012): Internet Security Threat Report 2011, URL: http://www.symantec.com/content/en/us/enterprise/other_resources/b-istr_main_report_2011_21239364.en-us.pdf (aufgerufen am 19.06.2012).

t3n (2011): Friendticker-Mitgründer über Copycats, Friseure und Gründerlehren, URL: http://t3n.de/magazin/florian-resatsch-friendticker-copycats-frisore-226244/ (aufgerufen am 19.06.2012).

t3n (2012): Windows Phone 8 „Apollo" bringt Integration von Windows 8, NFC, Skype und mehr, URL: http://t3n.de/news/windows-phone-8-apollo-364122/ (aufgerufen am 20.06.2012).

TalkANDROID (2012): 30 Million Smartphones Featuring NFC Shipped In 2011, Number Could Possibly Grow Up To 700 Million In 2016, URL: http://www.talkandroid.com/102370-30-million-smartphones-featuring-nfc-shipped-in-2011-number-could-possibly-grow-up-to-700-million-in-2016/ (abgerufen am 23.06.2012).

Tarde, G. (1903): The laws of imitation, Holt, New York.

Teletarif.de (2011): NFC nimmt neuen Anlauf - 30 Prozent Marktanteil bis 2015, URL: http://www.teltarif.de/nfc-handy-chip-bezahlen-prognose/news/ 44386.html (aufgerufen am 16.06.2012).

Teletarif.de (2012): NFC steht endlich vor dem Durchbruch in den Massenmarkt, URL: http://www.teltarif.de/nfc-handy-30-millionen-studie-berg-insight-massenmarkt/news/46189.html (aufgerufen am 16.06.2012).

Tews, E. et al. (2007): Breaking 104 Bit WEP in less than 60 seconds, Cryptology ePrint Archive, URL: http://assets00.grou.ps/0F2E3C/wysiwyg_ files/FilesModule/sianpu/20090916050507-sterqeurcjulmjwvo/Breaking_ Wireless_in_60_seconds120.pdf (zuletzt aufgerufen am 06.06.2012)

The Inquirer (2005): Gordon Moore says aloha to Moore's Law, URL: http://www.theinquirer.net/inquirer/news/1014782/gordon-moore-aloha-moore-law (aufgerufen am 01.07.2012).

Thiesse, F. (2005): Die Wahrnehmung von RFID als Risiko für die informationelle Selbstbestimmung, in Fleisch, E., Mattern, F. (Hrsg.): Internet der Dinge, Berlin, S. 363 - 378.

Trendwatching (2012,1): Die 12 wichtigsten Konsumtrends für 2012, URL: http://trendwatching.com/de/trends/12trends2012 (aufgerufen am 21.05.2012).

Trendwatching (2012,2): Die 12 wichtigsten Konsumtrends für 2012 - CASH-LESS, URL: http://trendwatching.com/de/trends/12trends2012/?cashless (aufgerufen am 21.05.2012).

Twitter (2012): Homepage, URL: http://www.twitter.com (aufgerufen am 23.06.2012).

Uhl, E. (2000): Die Zukunft von Information und Kommunikation, in: Elektrotechnik und Informationstechnik, Vol. 117, Nr. 6, S. 369 - 374.

Vereinte Nationen (1948): Allgemeine Erklärung der Menschenrechte.

Von Neumann, J., Morgenstern, O. (1947): Theory of Games and Economic Behavior, 2. Auflage, Princeton University Press, Princeton.

Want, R. (2011): Near Field Communication, in Pervasive Computing, Vol. 3, 2011, S. 4-7.

Wiedemann, P., Hennen, L. (1989): Schwierigkeiten bei der Kommunikation über technische Risiken, Arbeiten zur Risikokommunikation, Heft 9, Forschungszentrum Jülich.

Wien ORF (2005): Die Memoiren des Karl Wlaschek, URL: http://wiev1.orf.at/stories/69840 (aufgerufen am 16.06.2012).

Wiener Linien (2012): Stadt Wien und Wiener Linien investieren 475 Mio. Euro in Netzausbau und Fahrzeuge, URL: http://www.wienerlinien.at/eportal/ ep/contentView.do/pageTypeId/9320/programId/9419/contentTypeId/1001/channelId/-31441/contentId/28241 (aufgerufen am 02.06.2012).

Wirtschaftskammer (2013): Unsere Geschichte, URL: http://portal.wko.at/wk/ format_detail.wk?stid=420718&angid=1 (aufgerufen am 08.03.2013).

World IPv6 Launch (2012,1), URL: http://www.worldipv6launch.org/ (aufgerufen am 06.06.2012).

World IPv6 Launch (2012,2): IPv6 Logo, Transparent Background, 256 PX, URL: http://www.worldipv6launch.org/wp-content/themes/ipv6_new/downloads/World_IPv6_launch_logo_256.png (aufgerufen am 06.06.2012).

Xing (2013): Homepage, URL: https://www.xing.com (aufgerufen am 09.03.2013).

Zhou, J. et al. (2010): Pervasive Social Computing: augmenting five facets of human intelligence, in: Journal of Ambient Intelligence and Humanized Computing, Vol. 3, Nr. 2, S. 153 - 166.

Zinnbauer, M., Bakay, Z. (2003): Der Einfluss von E-commerce auf den Markenwert, Schriften zur Empirischen Forschung und Quantitativen Unternehmensplanung, Ludwig-Maximilians-Universität München, Heft 14/2003.

Electronic Business

Herausgegeben von Christine Strauss

Band 1 Rudolf Hartjes: Web Accessibility. Techniken und exemplarische Erfolgsmessung. 2009.

Band 2 Natalia Kryvinska: Converged Network Service Architecture. A Platform for Integrated Services Delivery and Interworking. 2010.

Band 3 Marie-Luise Leitner: Business Impacts of Web Accessibility. A Holistic Approach. 2010.

Band 4 Sonja Höglinger: Barrierefreier Tourismus und die Rolle des Reisemittlers. 2010.

Band 5 Iris C. Rauh: *Online Reputation Mechanisms*. Online-Reputation und deren Management am Beispiel der Hotelindustrie. 2011.

Band 6 Andreas Mladenow / Karl Anton Fröschl: Kooperative Forschung. Eine Intermediäre Perspektive IKT-gestützter Koordinationsmodelle für den universitären Wissens- und Technologietransfer. 2011.

Band 7 Natalia Kryvinska / Christine Strauss: Next Generation Networks – Service Delivery and Management. 2011.

Band 8 Christine Bauer: Bands as Virtual Organisations. Improving the Processes of Band and Event Management with Information and Communication Technologies. 2012.

Band 9 Philipp Demeter: Near Field Communication im Handel. 2014.

www.peterlang.com

www.ingramcontent.com/pod-product-compliance
Ingram Content Group UK Ltd.
Pitfield, Milton Keynes, MK11 3LW, UK
UKHW022154230426
12049UKWH00004BA/92